KB100009

4급 II

쉽게 따는

행복漢한

급수한자

합격

새희망

한자능력검정시험안내

❖ 한자능력검정시험이란 ?

· 한자능력검정시험은 한자 활용 능력을 측정하는 시험으로 공인급수 시험(특급, 특급Ⅱ, 1급, 2급, 3급, 3급Ⅱ)과 교육급수 시험(4급, 4급Ⅱ, 5급, 5급Ⅱ 6급, 6급Ⅱ, 7급, 7급Ⅱ, 8급)으로 나뉘어져 실시합니다.

· 한자능력검정시험은 1992년 처음 시행되어 2001년부터 국가공인자격시험(1급~4급)으로 인정받았고 2005년 29회 시험부터 3급Ⅱ 이상은 국가공인시험으로 치러지고 있습니다.

· 자세한 내용은 시행처인 한국 한자능력검정회 홈페이지 www.hanja.re.kr에서, 시험점수와 합격안내는 www.hangum.re.kr을 참조하세요!

❖ 어떤 문제가 나올까요?

각 급수별로 문제 유형은 아래 표와 같습니다.

구분	특급	특급Ⅱ	1급	2급	3급	3급Ⅱ	4급	4급Ⅱ	5급	5급Ⅱ	6급	6급Ⅱ	7급	7급Ⅱ	8급
독음	45	45	50	45	45	45	32	35	35	35	33	32	32	22	24
훈음	27	27	32	27	27	27	22	22	23	23	22	29	30	30	24
장단음	10	10	10	5	5	5	3	0	0	0	0	0	0	0	0
반의어(상대어)	10	10	10	10	10	10	3	3	3	3	3	2	2	2	0
완성형(성어)	10	10	15	10	10	10	5	5	4	4	3	2	2	2	0
부수	10	10	10	5	5	5	3	3	0	0	0	0	0	0	0
동의어(유의어)	10	10	10	5	5	5	3	3	3	3	2	0	0	0	0
동음 이의어	10	10	10	5	5	5	3	3	3	3	2	0	0	0	0
뜻풀이	5	5	10	5	5	5	3	3	3	3	2	2	2	2	0
약자	3	3	3	3	3	3	3	3	3	3	0	0	0	0	0
한자 쓰기	40	40	40	30	30	30	20	20	20	20	20	10	0	0	0
필순	0	0	0	0	0	0	0	0	3	3	3	3	2	2	2
한문	20	20	0	0	0	0	0	0	0	0	0	0	0	0	0

· 독음 : 한사의 소리를 묻는 문세입니다.

· 훈음 : 한자의 뜻과 소리를 동시에 묻는 문제입니다. 특히 대표훈음을 익히시기 바랍니다.

· 반의어.상대어 : 어떤 글자(단어)와 반대 또는 상대되는 글자(단어)를 알고 있는가를 묻는 문제입니다.

· 완성형 : 고사성어나 단어의 빈칸을 채우도록 하여 단어와 성어의 이해력 및 조어력을 묻는 문제입니다.

· 동의어.유의어 : 어떤 글자(단어)와 뜻이 같거나 유사한 글자(단어)를 알고 있는가를 묻는 문제입니다.

· 동음이의어 : 소리는 같고, 뜻은 다른 단어를 알고 있는가를 묻는 문제입니다.

· 뜻풀이 : 고사성어나 단어의 뜻을 제대로 알고 있는가를 묻는 문제입니다.

· 한자쓰기 : 제시된 뜻, 소리, 단어 등에 해당하는 한자를 쓸 수 있는가를 확인하는 문제입니다.

· 필순 : 한획 한획의 쓰는 순서를 알고 있는가를 묻는 문제입니다. 글자를 바르게 쓰기 위해 필요합니다.

* 출제 기준은 기본지침으로서 출제자의 의도에 따라 차이가 있을 수 있습니다.

합격 기준표

구분	특급·특급II	1급	2급·3급·3급II	4급·4급II·5급·5급II	6급	6급II	7급	7급II	8급
출제 문항수	200		150	100	90	80	70	60	50
합격 문항수	160		105	70	63	56	49	42	35
시험시간	100분	90분	60분	50분					

❖ 급수는 어떻게 나뉘나요?

8급부터 시작하고 초등학생은 4급을 목표로, 중고등학생은 3급을 목표로 두면 적당합니다.

급수	읽기	쓰기	수준및특성배정한자
특급	5,978	3,500	국한혼용 고전을 불편 없이 읽고, 연구할 수 있는 수준 고급
특급II	4,918	2,355	국한혼용 고전을 불편 없이 읽고, 연구할 수 있는 수준 중급
1급	3,500	2,005	국한혼용 고전을 불편 없이 읽고, 연구할 수 있는 수준 초급
2급	2,355	1,817	상용한자를 활용하는 것은 물론 인명지명용 기초한자 활용 단계
3급	1,817	1,000	고급 상용한자 활용의 중급 단계
3급II	1,500	750	고급 상용한자 활용의 초급 단계
4급	1,000	500	중급 상용한자 활용의 고급 단계
4급II	750	400	중급 상용한자 활용의 중급 단계
5급	500	300	중급 상용한자 활용의 초급 단계
5급II	400	225	중급 상용한자 활용의 초급 단계
6급	300	150	기초 상용한자 활용의 고급 단계
6급II	225	50	기초 상용한자 활용의 중급 단계
7급	150	-	기초 상용한자 활용의 초급 단계
7급II	100	-	기초 상용한자 활용의 초급 단계
8급	50	-	한자 학습 동기 부여를 위한 급수

＊ 상위급수의 배정한자는 하위급수의 한자를 포함하고 있습니다.

❖ 급수를 따면 어떤 점이 좋을까요?

· 우리말은 한자어가 70%를 차지하므로 한자를 이해하면 개념에
  대한 이해가 훨씬 빨라져 학업 능률이 향상됩니다.
· 2005학년부터 수능 선택 과목으로 한문 과목이 채택되었습니다.
· 수많은 대학에서 대학수시모집, 특기자전형지원, 대입면접시 가
  산점을 부여하고 학점이나 졸업인증에도 반영하고 있습니다.
· 언론사, 일반 기업체 인사고과에도 한자 능력을 중시합니다.

급수한자 200%활용법

다양한 학습 방법으로 기초를 튼튼히!!!

❖ **한자 소개**
앞으로 배울 한자를
20자씩 뜻 그림과
함께 소개합니다.

❖ **기본 학습**

훈(뜻)과 음(소리)
한자 익히기의 기본인
훈(뜻)과 음(소리)을 알기

뜻 그림
한자의 뜻을 알기 쉽게
그림으로 표현

필순
필순에 맞게 바르게
따라 쓰기

한자의 유래 하나의 끝이 두 갈래로 갈라진 창의 모습을
본뜬 한자로 '하나', '단독' 등의 뜻으로
쓰입니다.

· 單語(단어) : 일정한 뜻과 구실을 가지는 말의
최소 단위.

장단음 표기
':'는 장음 한자 표시이
며, '(:)'은 장·단 두
가지로 발음되는 한자
표시이고 단음인것은
표시를 하지 않았습니
다.

한자의 유래 여러 개의 실뭉치의 모습을 본뜬 'ﾙﾙ'와 도끼
로 자르다는 뜻을 결정한 도끼 근(斤)이 합쳐
진 한자입니다.

· 分斷(분단) : 끊어져 동강남.

한자 유래
재미있는 한자 풀이를 통해
유래 알기

단어
해당 한자가 들어
있는 단어

약자
해당 한자의 약자 익히기

쓰기 연습란
충분한 반복 쓰기 연습

이 정도 실력이면 급수따기 OK!

예상문제 假街減監康講個檢潔缺

1.다음 漢字語(한자어)의 讀音(독음)을 쓰세요.

1) 減少 ( )	11) 經過 ( )
2) 健康 ( )	12) 長官 ( )
3) 講讀 ( )	13) 故人 ( )
4) 商街 ( )	14) 監事 ( )
5) 個人 ( )	15) 警告 ( )
6) 假名 ( )	16) 關係 ( )
7) 境界 ( )	17) 句節 ( )
8) 潔白 ( )	18) 求人 ( )

❖ 예상문제
실제 한자능력시험에 나왔던 문제와 예상문제를 단원이 끝날 때마다 제시하였습니다.

모의 한자능력검정시험 제1회

第1回 漢字能力儉定試驗 4級Ⅱ

① 다음 漢字語의 讀音을 쓰세요. (1~20)

〈보기〉 天地 ⇨ 천지

1. 增減
2. 假名
3. 研究
4. 可能
5. 合格

13. 論議
14. 參考
15. 觀光
16. 陰害
17. 藝術
18. 許
19.
20.

❖ 모의한자능력시험
실제 시험과 똑같은 답안지와 함께 제공되어 실제 시험처럼 풀면서 실전 감각을 익힐 수 있습니다.

재미있게 놀며 다시 한 번 복습을…

8 **한자 복습**

필순에 따라 한자를 써 보세요.

月
달 월
月 - 총 4획 丿月月月
· 月出(월출), 月末(월말)

火
불 화
火 - 총 4획 · · 少火
· 火山(화산), 火災(화재)

水

木

❖ 복습(8, 7, 6, 5급)
8, 7, 6, 5급에서 공부했던 한자를 다시 한 번 읽고, 써 보면서 복습을 합니다.

만화로 읽는 **사자성어**

竹馬故友 (죽마고우)

대말을 타고 함께 놀던 친구라는 뜻으로 '어릴 때부터 같이 놀며 자란 오랜 벗'을 말합니다.

❖ 만화 사자성어
사자성어를 만화로 쉽게 이해할 수 있게 구성하였습니다. 배운 사자성어를 생활 속에서 적절히 사용해 보세요.

8급, 7급, 6급, 5급
상대어·반의어
유의어, 약자
모양이 비슷한 한자,
일자 다음어

❖ 부록
반의어, 유의어, 약자, 모양이 비슷한 한자, 일자 다음어를 수록하였습니다.

찾아보기 (4급 II 250자)

假 거짓 가

 街 거리 가

 減 덜 감

 監 볼 감

 康 편안 강

 講 욀 강

 個 낱 개

 檢 검사할 검

 潔 깨끗할 결

 缺 이지러질 결

 境 지경 경

 慶 경사 경

 經 지날/글 경

 警 깨우칠 경

 係 맬 계

 故 연고 고

 官 벼슬 관

 句 글귀 구

 求 구할 구

 究 연구할 구

한자의 유래 처음에는 언덕[阜]의 아래에서 손[又]으로
물건을 빌리고 있는 모습을 본뜬 글자였으나
지금은 글자의 앞에 사람 인(亻/人)이 합쳐진
한자입니다.

· 假面(가면) : 사람이나 짐승의 얼굴 모양을 본떠
만든 것.

거짓 **가** : (亻/人부)   假假假假假假假假假假假 (총 11획)

假	假	假	假	假	假	假
거짓 가						
假						仮

한자의 유래 네거리의 모습을 본뜬 행(行)과 흙을 쌓아
놓은 모습인 규(圭)가 합쳐진 한자로 흙길
로 이루어진 거리의 모습에서 유래되었습
니다.

· 商街(상가) : 상점이 많이 늘어서 있는 거리.

거리 **가** (:) (行부)   街街街街街街街街街街街街 (총 12획)

街	街	街	街	街	街	街
거리 가						
街						

월   일 확인:

한자의 유래 물을 덜어낸다는 뜻을 결정한 물 수(氵/水)와 발음을 결정한 함(咸)이 합쳐진 한자입니다.

· 減少(감소) : 줄어서 적어짐.

덜 **감** : (氵/水부) 減減減減減減減減減減減減 (총 12획)

減	減	減	減	減	減	減
덜 감						
減						

한자의 유래 눈의 모습을 본뜬 신(臣)과 꿇어앉은 사람의 모습을 본뜬 'ㅅ'과 물을 떠 놓은 그릇의 모습을 본뜬 명(皿)이 합쳐진 한자입니다.

· 監視(감시) : 경계하며 지켜 봄.

볼 **감** (皿부) 監監監監監監監監監監監監監監 (총 14획)

監	監	監	監	監	監	監
볼 감						
監						

한자의 유래 발음을 결정한 경(庚)과 쌀 미(米)가 합쳐진 한자로 수확이 많아 '편안하다' 는 뜻을 결정했습니다.

· 健康(건강) : 육체가 아무 탈 없이 정상적이고 튼튼함.

편안 **강** (广부)

康康康庚庚庚庚康康康康 (총 11획)

康	康	康	康	康	康	康	康
편안 강							
康							

한자의 유래 입으로 연습하여 '익히다' 는 뜻을 결정한 언(言)과 여러 개의 나무 막대기를 짜 맞추어 놓은 모습을 본뜬 구(冓)가 합쳐진 한자로 특별한 기술을 익히다는 뜻을 결정했습니다.

· 講堂(강당) : 학교 등에서 강연 · 의식 등을 하기 위하여 특별히 마련한 큰 방.

욀 **강** : (言부)

講講講講講講講講講講講 (총 17획)

講	講	講	講	講	講	講	講
욀 강							
講							

한자의 유래 한 사람 한 사람의 뜻을 결정한 인(亻/人)과 발음을 결정한 고(固)가 합쳐진 한자입니다.

· 個性(개성) : 사람마다 지닌, 남과 다른 특성.

낱 **개** (ː) (亻/人부)   個個個個個個個個個個 (총 10획)

個	個	個	個	個	個	個
낱 개						
個						

한자의 유래 나무 상자의 재질을 뜻하는 나무 목(木)과 발음을 결정한 첨(僉)이 합쳐진 한자입니다.

· 檢査(검사) : 옳고 그름, 좋고 나쁨 등의 사실을 살피어 검토하여 판정함.

검사할 **검** ː (木부)   檢檢檢檢檢檢檢檢檢檢檢檢檢檢 (총 17획)

檢	檢	檢	檢	檢	檢	檢
검사할 검						
檢						

한자의 유래
깨끗한 물을 뜻하는 물 수(氵/水)와 발음을
결정한 혈(絜)이 합쳐진 한자입니다.

· 淸潔(청결) : 맑고 깨끗함.

깨끗할 결 (氵/水부)　潔潔潔潔潔潔潔潔潔潔潔潔潔 (총 15획)

潔	潔	潔	潔	潔	潔	潔	潔
깨끗할 결							
潔							

한자의 유래 일그러진 동이의 모습을 본뜬 부(缶)와
발음을 결정한 결(夬)이 합쳐진 한자입니다.

· 缺席(결석) : 출석하지 않음.

이지러질 결 (缶부)　缺缺缺缺缺缺缺缺缺缺 (총 10획)

缺	缺	缺	缺	缺	缺	缺	缺
이지러질 결							
缺							

한자의 유래 사슴을 본뜬 사슴 록(鹿)과 마음 심(心)과
발의 모습을 본뜬 걸을 쇠(夂)가 합쳐진 한
자로 사슴을 가지고 가서 경사스러움을
축하한다는 뜻을 결정했습니다.

· 慶事(경사) : 매우 즐겁고 기쁜 일.

경사 **경** : (心부) 慶慶慶慶慶慶慶慶慶慶慶慶慶 (총 15획)

慶	慶	慶	慶	慶	慶	慶	慶
경사 경							
慶							

한자의 유래 땅의 경계란 뜻을 결정한 흙 토(土)와 발음
을 결정한 경(竟)이 합쳐진 한자입니다.

· 國境(국경) : 나라와 나라 사이의 경계.

지경 **경** (土부) 境境境境境境境境境境境境境境 (총 14획)

境	境	境	境	境	境	境
지경 경						
境						

· 經書(경서) : 사서오경 등 유교의 가르침을 적은 책.

지날/ 글 **경** (糸부)   糸 経 経 経 經 經 經 經 (총 13획)

經	經	經	經	經	經	經
지날/ 글 경						
經						経

한자의 유래 발음을 결정한 경(敬)과 소리를 질러 경계시킨다는 뜻을 결정한 말씀 언(言)이 합쳐진 한자입니다.

· 警告(경고) : 조심하라고 알림.

깨울칠 **경** : (言부)   警 警 芍 苟 警 敬 敬 警 警 警 警 警 警 (총 20획)

警	警	警	警	警	警	警
깨우칠 경						
警						

16

係

맬 **계** : (亻/人부)

한자의 유래 사람과 사람이 죽 이어져 있다는 뜻에서
나온 인(亻/人)과 발음과 매어 있다는 뜻을
동시에 가지고 있는 계(系)가 합쳐진 한자
입니다.

· 關係(관계) : 사람과 사람, 사람과 사물, 사물과
　　　　　　　사물 등 둘 이상이 서로 걸리는 일.

係係係係係係係係係 (총 9획)

係	係	係	係	係	係	係
맬 계						
係						

故

연고 **고** (:) (攵/攴부)

한자의 유래 발음과 뜻을 결정한 고(古)와 손의 모습을
본뜬 복(攵)이 합쳐져 손으로 예부터 해 왔던
일이라는 뜻을 나타냅니다.

· 故意(고의) : 일부러 하려는 마음.

故故故故故故故故故 (총 9획)

故	故	故	故	故	故	故
연고 고						
故						

벼슬 **관** (宀부)

한자의 유래 지붕의 모습을 본뜬 면(宀)과 언덕의 모습을 본뜬 부(阜)가 합쳐진 한자로 언덕 아래에 지은 벼슬아치들 집의 모습에서 '벼슬'이란 뜻이 결정이 되었습니다.

· 長官(장관) : 행정 각부의 장

官官官官官官官官 (총 8획)

官	官	官	官	官	官	官	官
벼슬 관							
官							

글귀 **구** (口부)

한자의 유래 몸을 구부리고 있는 포(勹)와 뜻을 결정한 입 구(口)가 합쳐진 한자입니다.

· 文句(문구) : 글의 구절.

句句句句句 (총 5획)

句	句	句	句	句	句	句	句
글귀 구							
句							

求

구할 **구** (水部)

한자의 유래 처음에는 짐승의 털가죽 옷 모양을 본뜬 한자였으나 지금은 '구하다' 는 뜻으로 쓰이고 있습니다.

· 要求(요구) : 달라고 청함.

求 求 求 求 求 求 求 (총 7획)

求	求	求	求	求	求	求	求
구할 구							
求							

究

연구할 **구** (穴部)

한자의 유래 끝까지 파고든다는 뜻을 결정한 구멍 혈 (穴)과 발음을 결정한 구(九)가 합쳐진 한자입니다.

· 講究(강구) : 대책 방법 등을 찾아냄.

究 究 究 究 究 究 究 (총 7획)

究	究	究	究	究	究	究	究
연구할 구							
究							

예상 문제

1. 다음 漢字語(한자어)의 讀音(독음)을 쓰세요.

1) 減少 (　　　　) 　　　11) 經過 (　　　　)

2) 健康 (　　　　) 　　　12) 長官 (　　　　)

3) 講讀 (　　　　) 　　　13) 故人 (　　　　)

4) 商街 (　　　　) 　　　14) 監事 (　　　　)

5) 個人 (　　　　) 　　　15) 警告 (　　　　)

6) 假名 (　　　　) 　　　16) 關係 (　　　　)

7) 境界 (　　　　) 　　　17) 句節 (　　　　)

8) 潔白 (　　　　) 　　　18) 求人 (　　　　)

9) 慶事 (　　　　) 　　　19) 學究 (　　　　)

10) 缺席 (　　　　) 　　　20) 檢擧 (　　　　)

2. 다음 漢字(한자)의 訓(훈)과 音(음)을 쓰세요.

1) 街 (　　　,　　　) 　　　6) 講 (　　　,　　　)

2) 缺 (　　　,　　　) 　　　7) 究 (　　　,　　　)

3) 慶 (　　　,　　　) 　　　8) 檢 (　　　,　　　)

4) 官 (　　　,　　　) 　　　9) 潔 (　　　,　　　)

5) 康 (　　　,　　　) 　　　10) 減 (　　　,　　　)

11) 經 (,   )   16) 故 (,   )

12) 監 (,   )   17) 境 (,   )

13) 假 (,   )   18) 句 (,   )

14) 警 (,   )   19) 個 (,   )

15) 係 (,   )   20) 求 (,   )

3. 다음 밑줄 친 단어를 漢字(한자)로 쓰세요.

1) 그 선수는 체중 <u>감량</u>에 실패했다.

2) 분자가 분모보다 크거나 같은 분수를 <u>가분수</u>라고 한다.

3) 시위대는 <u>가두</u>로 진출하였다.

4) 요즘 10대는 <u>개성</u>이 돋보이는 세대이다.

5) 취업에 아무런 <u>결격</u> 사유가 없다.

6) 손을 <u>청결</u>히 하는 것이 건강의 기본이다.

7) 아버지는 사업<u>관계</u>로 출장을 자주 가신다.

8) 오늘은 숙제 <u>검사</u>하는 날이다.

9) 형의 <u>경력</u>이면 그 회사에 충분히 합격할 거야.

10) 강의를 듣기위해 <u>강당</u>에 많은 학생들이 모여있다.

4. 다음 질문에 맞는 漢字(한자)를 보기에서 골라 번호를 쓰세요.

(반의어, 동의어, 동음이의어, 완성형, 부수)

보기

① 假　② 街　③ 減　④ 監　⑤ 康
⑥ 講　⑦ 個　⑧ 檢　⑨ 潔　⑩ 缺
⑪ 境　⑫ 慶　⑬ 經　⑭ 警　⑮ 係
⑯ 故　⑰ 官　⑱ 句　⑲ 求　⑳ 究

1) 路와 비슷한 의미의 한자는?

2) 觀과 비슷한 의미의 한자는?

3) 査와 비슷한 의미의 한자는?

4) 加와 상대 또는 반대의 의미를 가진 한자는?

5) 界와 音은 같으나 뜻이 다른 한자는?

6) 完全無(　　)(충분히 갖추어져있어 부족함이 없음)에 들어갈 한자는?

7) 牛耳讀(　　)(쇠귀에 경 읽기. 즉, 아무리 가르쳐주어도 알지못함)에 들어
갈 한자는?

8) 溫(　　)知新(옛 것을 익혀 그것으로부터 새 것을 앎)에 들어갈 한자는?

9) 土을 부수로 가진 한자는?

10) 心을 부수로 가진 한자는?

5. 다음 뜻에 맞는 한자를 보기에서 고르시오.

> 보기
> ① 個人　　② 經費　　③ 警告
> ④ 檢擧　　⑤ 故人

　1) 조심하도록 미리 주의를 줌 (　　　　　)

　2) 죽은 사람 (　　　　　)

　3) 어떤일을 하는데 드는 비용 (　　　　　)

6. 다음 漢字(한자)의 略字(약자)를 쓰세요

　1) 假 ⇨

　2) 經 ⇨

　3) 爭 ⇨

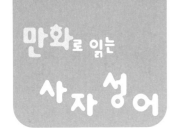

竹馬故友 (죽마고우)

대말을 타고 함께 놀던 친구란 뜻으로 '어릴 때부터 같이 놀며 자란 오랜 벗'을 말합니다.

❖ 竹 : 대 죽, 馬 : 말 마, 故 : 연고 고, 友 : 벗 우

24

 宮 집 궁

 權 권세 권

 極 극진할 / 다할 극

禁 금할 금

 器 그릇 기

 起 일어날 기

 暖 따뜻할 난

 難 어려울 난

 努 힘쓸 노

 怒 성낼 노

 單 홑 단

 斷 끊을 단

 端 끝 단

 檀 박달나무 단

 達 통달할 달

 擔 멜 담

 黨 무리 당

 帶 띠 대

 隊 무리 대

 導 인도할 도

집 **궁** (宀부)

한자의 유래 지붕의 모습을 본뜬 면(宀)과 쭉 이어진 회랑의 모습을 본뜬 여(呂)가 합쳐진 한자 입니다.

· 古宮(고궁) : 옛 궁궐.

宮宮宮宮宮宮宮宮宮宮 (총 10획)

宮	宮	宮	宮	宮	宮	宮	宮
집 궁							
宮							

권세 **권** (木부)

한자의 유래 처음에는 '저울대' 라는 뜻이었는데 무게의 경중을 마음대로 조절한다는 의미에서 '권 세' 라는 뜻으로 변한 한자입니다.

· 人權(인권) : 인간이 가지고 있는 기본적인 권리.

權權權權權權權權權權權權 (총 22획)

權	權	權	權	權	權	權	權
권세 권						약자	약자
權						権	权

천정이 다하는 곳에 놓는 대들보라는 뜻을 결정한 나무 목(木)과 발음을 결정한 극(亟) 이 합쳐진 한자입니다.

· 極致(극치) : 도달할 수 있는 최고의 경지.

극진할/ 다할 **극** (木부)   極 柯 柯 柯 柯 柯 極 極 極 極 極 極 (총 13획)

極	極	極	極	極	極	極
극진할/다할 극						
極						

많은 나무가 있는 숲이란 뜻의 림(林)과 신탁의 모양을 본뜬 시(示)가 합쳐진 글자로 나무 숲 속에 있는 신성한 곳을 금기시하여 '금지하다' 는 뜻이 유래되었습니다.

· 禁止(금지) : 말리어 못하게 함.

금할 **금** : (示부)   禁 禁 禁 禁 禁 禁 禁 禁 禁 禁 禁 禁 禁 (총 13획)

禁	禁	禁	禁	禁	禁	禁
금할 금						
禁						

그릇 **기** (口부)

한자의 유래 네 개의 구(口)는 그릇의 모양을 본뜬 글자이고 견(犬)은 개의 모양을 본뜬 글자로 사방의 그릇을 개가 경계하고 지키고 있는 모습을 본뜬 한자입니다.

· 土器(토기) : 흙을 빚어서 구워 만든 그릇의 종류.

器 器 器 哭 哭 哭 器 器 (총 16획)

器	器	器	器	器	器	器	器
그릇 기							
器							

일어날 **기** (走부)

한자의 유래 일어나 달린다는 뜻을 결정한 달릴 주(走)와 발음을 결정한 기(己)가 합쳐진 한자입니다.

· 起動(기동) : 몸을 일으켜 움직임.

起 起 起 起 起 起 起 起 起 起 (총 10획)

起	起	起	起	起	起	起	起
일어날 기							
起							

따뜻할 난 : (日부)

한자의 유래 해가 떠서 날씨가 따뜻하다는 뜻을 결정한 날 일(日)과 발음을 결정한 원(爰)이 합쳐진 한자입니다.

· 溫暖(온난) : 날씨가 따뜻함.

暖 暖 暖 暖 暖 暖 暖 暖 暖 暖 暖 暖 暖 (총 13획)

暖	暖	暖	暖	暖	暖	暖	暖
따뜻할 난							
暖							

어려울 난 (:) (隹부)

한자의 유래 처음에는 '새' 의 뜻을 가진 글자였으나 지금은 '어렵다' 는 뜻으로 쓰이고 있는 글자로 관(堇)과 추(隹)가 합쳐진 한자입니다.

· 難關(난관) : 통과하기 어려운 관문.

難 難 難 難 難 難 難 難 難 難 難 難 難 難 (총 19획)

難	難	難	難	難	難	難	難
어려울 난							
難							

努

힘쓸 **노** (力부)

한자의 유래 발음을 결정한 노(奴)와 뜻을 결정한 힘 력(力)이 합쳐진 한자입니다.

· 努力(노력) : 힘을 다하여 애씀.

乆 又 妛 奶 奴 努 努 (총 7획)

努	努	努	努	努	努	努	努
힘쓸 노							
努							
						월 일 확인:	

怒

성낼 **노** : (心부)

한자의 유래 발음을 결정한 노(奴)와 사람의 감정을 나타내는 마음 심(心)이 합쳐진 한자입니다.

· 大怒(대노) : 크게 화냄.

乆 夂 妛 奴 怒 怒 怒 怒 怒 (총 9획)

怒	怒	怒	怒	怒	怒	怒	怒
성낼 노							
怒							

한자의 유래 하나의 끝이 두 갈래로 갈라진 창의 모습을 본뜬 한자로 '하나', '단독' 등의 뜻으로 쓰입니다.

· 單語(단어) : 일정한 뜻과 구실을 가지는 말의 최소 단위.

홑 단 (口부)

單單單單單單單單 (총 12획)

單	單	單	單	單	單	單	單
홑 단							
單							単

한자의 유래 여러 개의 실뭉치의 모습을 본뜬 '𢆶'와 도끼로 자르다는 뜻을 결정한 도끼 근(斤)이 합쳐진 한자입니다.

· 分斷(분단) : 끊어져 동강남.

끊을 단 : (斤부)

斷斷斷斷斷斷斷斷斷斷 (총 18획)

斷	斷	斷	斷	斷	斷	斷	斷
끊을 단							
斷							断

끝 **단** (立부)

한자의 유래 단정히 땅 위에 서 있는 모습을 본뜬 설 립(立)과 발음을 결정한 단(耑)이 합쳐진 한자입니다.

· 發端(발단) : 어떤 일이 벌어지는 실마리.

端端端端端端端端端端端端端端 (총 14획)

端	端	端	端	端	端	端	端
끝 단							
端							

박달나무 **단** (木부)

한자의 유래 나무의 모양을 본떠 뜻을 결정한 나무 목(木)과 발음을 결정한 단(亶)이 합쳐진 한자입니다.

· 檀紀(단기) : 단군이 개국하여 왕위에 오른 해를 원년으로 잡은 우리 나라의 기원.

檀檀檀檀檀檀檀檀檀檀檀檀檀檀 (총 17획)

檀	檀	檀	檀	檀	檀	檀	檀
박달나무 단							
檀							

한자의 유래 진행을 뜻하는 착(辶)과 발음을 결정한
달(羍)이 합쳐진 한자입니다.

· 通達(통달) : 막힘이 없이 통하여 환히 앎.

통달할 달 (辶부)　達達達達達達幸幸羍達達達達 (총 13획)

達	達	達	達	達	達	達	達
통달할 달							
達							

한자의 유래 손으로 쥐고 물건을 멘다는 뜻을 결정한
손 수(扌/手와 발음을 결정한 첨(詹)이
합쳐진 한자입니다.

· 擔任(담임) : 학교에서 학급이나 학과목을 책임
지고 맡아 봄.

멜 담 (扌/手부)　扌扌扩扩扩扩护护擔擔擔擔擔 (총 16획)

擔	擔	擔	擔	擔	擔	擔
멜 담						약자
擔						担

黨

무리 **당** (黑부)

한자의 유래 발음을 결정한 상(尚)과 얼굴에 검댕이를 묻히고 있는 사람의 모습을 본뜬 글자가 합쳐져 무리를 짓다는 뜻으로 쓰입니다.

· 黨爭(당쟁) : 당파를 이루어 서로 싸움.

黨黨黨黨黨黨黨黨黨黨黨黨 (총 20획)

黨	黨	黨	黨	黨	黨	黨	黨
무리 당							
黨							약자 党

帶

띠 **대** (:) (巾부)

한자의 유래 띠를 매고 있는 모습을 본뜬 '卅'과 띠의 재료를 나타내는 수건 건(巾)이 합쳐진 한자 입니다.

· 地帶(지대) : 한정된 일정 구역.

帶帶帶帶帶帶帶帶帶帶帶 (총 11획)

帶	帶	帶	帶	帶	帶	帶
띠 대						
帶						

월   일 확인:

무리 **대** (阝/阜부)

한자의 유래 부(阝/阜)와 '㒸'가 합쳐진 한자로 '㒸'는 갑골문에서 거꾸로 된 사람의 모습을 본뜬 글자였습니다. 그래서 '무리' 라는 뜻 외에 '떨어지다' 는 뜻도 가지고 있습니다.

·部隊(부대) : 한 단위의 군인 집단.

隊隊隊隊隊隊隊隊隊隊 (총 12획)

隊	隊	隊	隊	隊	隊	隊
무리 대						
隊						

인도할 **도** : (寸부)

한자의 유래 발음을 결정한 도(道)와 손으로 이끈다는 뜻을 결정하여 손의 모습을 본뜬 촌(寸)이 합쳐진 한자입니다.

·導入(도입) : 끌어 들임.

導導導導首首首首道道道道道導導 (총 16획)

導	導	導	導	導	導	導
인도할 도						
導						

35

1. 다음 漢字語(한자어)의 讀音(독음)을 쓰세요.

1) 古宮 (　　　　　)　　　　　11) 難關 (　　　　　　)

2) 勸力 (　　　　　)　　　　　12) 先導 (　　　　　　)

3) 南極 (　　　　　)　　　　　13) 努力 (　　　　　　)

4) 禁止 (　　　　　)　　　　　14) 怒氣 (　　　　　　)

5) 土器 (　　　　　)　　　　　15) 單獨 (　　　　　　)

6) 起立 (　　　　　)　　　　　16) 決斷 (　　　　　　)

7) 達成 (　　　　　)　　　　　17) 發端 (　　　　　　)

8) 擔當 (　　　　　)　　　　　18) 野黨 (　　　　　　)

9) 溫暖 (　　　　　)　　　　　19) 檀紀 (　　　　　　)

10) 軍隊 (　　　　　)　　　　　20) 地帶 (　　　　　　)

2. 다음 漢字(한자)의 訓(훈)과 音(음)을 쓰세요.

1) 帶 (　　　，　　　)　　　　6) 器 (　　　，　　　)

2) 權 (　　　，　　　)　　　　7) 暖 (　　　，　　　)

3) 檀 (　　　，　　　)　　　　8) 難 (　　　，　　　)

4) 禁 (　　　，　　　)　　　　9) 宮 (　　　，　　　)

5) 起 (　　　，　　　)　　　　10) 努 (　　　，　　　)

11) 怒 (　　　　,　　　　)　　16) 擔 (　　　　,　　　　)

12) 斷 (　　　　,　　　　)　　17) 黨 (　　　　,　　　　)

13) 端 (　　　　,　　　　)　　18) 隊 (　　　　,　　　　)

14) 達 (　　　　,　　　　)　　19) 導 (　　　　,　　　　)

15) 極 (　　　　,　　　　)　　20) 單 (　　　　,　　　　)

3. 다음 밑줄 친 단어를 漢字(한자)로 쓰세요

1) 궁녀란 궁의 일을 보는 여성으로 왕족을 제외한 궁중의 모든 여인을 총칭한다. (　　　　　　)

2) 이곳에서 통일신라시대의 토기가 발견되었다. (　　　　　　　)

3) 그는 고난에 빠진 사람들을 위로하고 구제하려 하였다. (　　　　　　)

4) 수술이 끝난 후 얼마동안 금식을 하여야 한다. (　　　　　　)

5) 영어 단어 외우기는 정말 어렵다. (　　　　　　)

6) 난류와 한류가 교차하는 곳에 좋은 어장이 형성된다. (　　　　　)

7) 잘라낸 돌의 단면에는 신기한 무늬가 있었다. (　　　　　　)

8) 단오는 우리명절로서 여자들은 창포물에 머리감고 그네를 뛰며 남자는 씨름을 한다. (　　　　　　)

9) 이 차는 새로운 기술을 도입하여 개발했다. (　　　　　　)

10)우리 <u>담임</u> 선생님은 노래를 참 잘 하십니다. (   )

4. 다음 질문에 맞는 漢字(한자)를 보기에서 골라 번호를 쓰세요.

(반의어, 동의어, 동음이의어, 완성형, 부수)

보 기				
① 宮	② 權	③ 極	④ 禁	⑤ 器
⑥ 起	⑦ 暖	⑧ 難	⑨ 努	⑩ 怒
⑪ 單	⑫ 斷	⑬ 端	⑭ 檀	⑮ 達
⑯ 擔	⑰ 黨	⑱ 帶	⑲ 隊	⑳ 導

1) 獨과 비슷한 의미의 한자는?

2) 堂과 비슷한 의미의 한자는?

3) 보기 ⑲와 비슷한 의미의 한자는?

4) 冷과 상대 또는 반대의 의미를 가진 한자는?

5) 初와 상대 또는 반대의 의미를 가진 한자는?

6) 道와 音은 같으나 뜻이 다른 한자는?

7) (   )不十年(권력 또는 영화는 오래가지 못함)에 들어갈 한자는?

8) (   )兄(   )弟(우열을 가리기 어려울 정도로 비슷함)에 들어갈 한자는?

9) 四通八(　　)(길이 사방팔방으로 통함)에 들어갈 한자는?

10) 示를 부수로 가진 한자는?

5. 다음 뜻에 맞는 한자를 보기에서 고르시오

보기
① 先導　　② 南極　　③ 溫暖
④ 決斷　　⑤ 努力

1) 힘들여 애를 씀 (　　　　　　　　)

2) 결정적인 판단을 내림 (　　　　　　　　)

3) 앞장서서 이끌음 (　　　　　　　　)

6. 다음 漢字(한자)의 略字(약자)를 쓰세요.

1) 權 ⇨

2) 斷 ⇨

3) 黨 ⇨

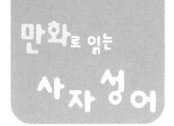
難兄難弟 (난형난제)

누가 형이고, 누가 아우인지 분간하기 어렵다는 뜻으로 누가 더 낫다고 할 수 없을 정도로 둘이 서로 비슷함을 이르는 말입니다.

보람아 잠깐만.

우리 중에 누가 더 잘 하는지 좀 봐 줘.

심판 말이야.

그래 좋아.

시작한다.

우와~ 둘 다 대단한데.

스물하나, 스물둘 스물셋

내가 볼 때 우열을 가리기가 힘들겠는 걸. 즉 난형난제라는 말이지. 난 갈 테니까 계속들 잘 해 봐.

부들… 부들…

❖ 難:어려울 난, 兄:형 형, 難:어려울 난, 弟:아우 제

毒 독 독

督 감독할 독

銅 구리 동

斗 말 두

豆 콩 두

得 얻을 득

燈 등 등

羅 벌일 라

雨 두 량

麗 고울 려

連 이을 련

列 벌일 렬

錄 기록할 록

論 논할 론

留 머무를 류

律 법칙 률

滿 찰 만

脈 줄기 맥

毛 터럭 모

牧 칠 목

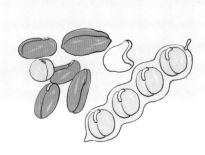

월   일 확인:

독 **독** (母부)

한자의 유래 十＋士＋毋가 합쳐진 글자로 윗부분은 풀의 줄기와 이파리의 모습이고 아랫부분은 토란과 비슷한 열매가 열린 독초의 모습을 본뜬 한자입니다.

·毒草(독초) : 독이 있는 풀. 매우 독한 담배.

毒毒毒毒毒毒毒毒毒 (총 8획)

毒	毒	毒	毒	毒	毒	毒	毒
독 독							
毒							

감독할 **독** (目부)

한자의 유래 숙(叔)의 '⺘'은 콩의 줄기와 뿌리를 나타내고 우(又)는 손으로 콩을 보살피고 있는 모습이며 아래의 목(目)은 눈의 모습으로 한자의 뜻을 더욱 정확히 했습니다.

·監督(감독) : 보살피고 단속함 또는 그런일을 하는 사람.

督督督督督督督叔叔督督督督 (총 13획)

督	督	督	督	督	督	督	督
감독할 독							
督							

한자의 유래 구리의 재료를 뜻하는 쇠 금(金)과 발음을 결정한 동(同)이 합쳐진 한자입니다.

· 靑銅(청동) : 구리와 주석을 성분으로 하는 합금.

구리 **동** (金부)　　銅銅銅銅銅銅銅 (총 14획)

銅	銅	銅	銅	銅	銅	銅	銅
구리 동							
銅							

한자의 유래 자루가 긴 바가지와 비슷한 국자의 모양을 본뜬 한자입니다.

· 北斗(북두) : 큰 곰 자리의 일곱 개의 별.

말 **두** (斗부)　　斗斗斗斗 (총 4획)

斗	斗	斗	斗	斗	斗	斗	斗
말 두							
斗							

월   일 확인:

한자의 유래 처음에는 다리가 높은 제기와 비슷한 그릇의 모양을 본떴으나 지금은 이와는 전혀 다른 '콩'이란 뜻으로 쓰이고 있습니다.

· 豆油(두유) : 콩기름.

콩 **두** (豆부)   豆豆豆豆豆豆豆 (총 7획)

豆	豆	豆	豆	豆	豆	豆
콩 두						
豆						

한자의 유래 길거리의 모양을 본뜬 척(彳)과 조개를 본떠 재물을 뜻하는 패(貝), 손으로 조개를 쥐고 있는 모습을 본뜬 촌(寸)이 합쳐져 길에서 패물을 얻다는 뜻이 되었습니다.

· 所得(소득) : 어떤 일의 결과로 얻어지는 것.

얻을 **득** (彳부)   得得得得得得得得得得得 (총 11획)

得	得	得	得	得	得	得
얻을 득						
得						

 뜻을 결정한 불 화(火)와 발음을 결정한 등(登)이 합쳐진 한자입니다.

· 燈油(등유) : 등불을 켜는데 쓰는 기름.

등 등 (火부)

燈燈燈燈燈燈燈燈燈燈燈燈燈 (총 16획)

燈	燈	燈	燈	燈	燈	燈	燈
등 등							
燈							약자 灯

 그물의 모양을 본뜬 망(罒)과 그물의 재료인 실의 뜻인 사(糸)와 새의 모습을 본뜬 추(隹)가 합쳐진 글자로 새에 그물질하여 잡는다는 뜻으로 만들어진 한자입니다.

· 新羅(신라) : 한국의 삼국시대 국가 중 하나.
· 羅列(나열) : 죽 벌여 놓음.

벌일 라 (罒부)

羅羅羅羅羅羅羅羅羅羅羅羅羅羅羅 (총 19획)

羅	羅	羅	羅	羅	羅	羅	羅
벌일 라							
羅							

월   일 확인:

한자의 유래 두 마리 말 잔등 위에 놓은 멍에의 모습을 본뜬 한자입니다.

· 兩分(양분) : 둘로 나눔.
· 斤兩(근량) : 무게의 단위인 근과 냥을 아울러 이르는 말.

두 **량** : (入부)   兩兩兩兩兩兩兩兩 (총 8획)

兩	兩	兩	兩	兩	兩	兩	兩
두 량							
兩							両

한자의 유래 아름다운 뿔을 가진 사슴의 모습을 본뜬 한자입니다.

· 高句麗(고구려) : 백제, 신라와 함께 한국의 삼국시대 국가 중 하나.
· 麗句(여구) : 아름다운 글귀.

고울 **려** (鹿부)   麗麗麗麗麗麗麗麗麗麗麗麗麗 (총 19획)

麗	麗	麗	麗	麗	麗	麗	麗
고울 려							
麗							麗

한자의 유래 이어져 가다는 진행의 뜻을 결정한 착(辶)과 이어진 수레의 모양을 본뜬 글자인 수레 거(車)가 합쳐진 한자입니다.

· 連結(연결) : 서로 이어서 맺음.
· 關連(관련) : 둘 이상이 관계를 맺어 매여 있음.

이을 련(辶부)   連連連連連連 **車連連連連** (총 11획)

連	連	連	連	連	連	連	連
이을 련							
連							

한자의 유래 뼈의 모습을 본든 알(歹)과 칼의 모습을 본뜬 도(刂/刀)가 합쳐져 칼로 뼈와 살을 나누어 늘어 놓다는 뜻에서 온 한자입니다.

· 行列(행렬) : 여럿이 줄을 지어 감.
· 列車(열차) : 기관차에 객차와 화차 등을 연결한 차량.

벌일 렬(刂/刀부)   列列列列列列 (총 6획)

列	列	列	列	列	列	列	列
벌일 렬							
列							

한자의 유래 칼로 새겨서 기록하다는 뜻을 결정한 쇠 금(金)과 발음을 결정한 록(彔)이 합쳐진 한자입니다.

· 記錄(기록) : 어떤 사실을 뒤에 남기려고 적음.
· 錄音(녹음): 소리를 기록함. 또는 기록한 소리.

기록할 록 (金부)   錄錄錄錄錄錄錄錄錄 (총 16획)

錄	錄	錄	錄	錄	錄	錄
기록할 록						
錄						

한자의 유래 뜻을 결정한 언(言)과 발음을 결정한 륜(侖)이 합쳐진 한자입니다.

· 論理(논리) : 법칙성을 가진 사고방식.
· 反論(반론) : 남의 의견에 반대하거나 되받아 논 의함.

논할 론 (言부)   論論論論論論論論論論論論論論論 (총 15획)

論	論	論	論	論	論	論
논할 론						
論						

한자의 유래 발음을 결정한 유(卯)와 밭 사이에 물을 가두어 놓고 농사를 짓는다는 뜻을 결정한 한자입니다.

· 留學(유학) : 외국에 머물러 학문이나 예술 등을 공부함.
· 保留(보류) : 어떤 일을 처리하지 않고 미루어 둠.

머무를 류 (田부)   留留留留留留留留留留 (총 10획)

留	留	留	留	留	留	留	留
머무를 류							
留							

한자의 유래 사거리의 모양을 본뜬 행(行)에서 오른쪽 획을 생략한 척(彳)과 손에 붓을 쥐고 있는 모습을 본뜬 율(聿)이 합쳐져 법은 길처럼 굽지 않고 곧다는 뜻의 한자입니다.

· 規律(규율) : 집단 생활이나 사회 생활을 하는 데 행위의 규준이 되는 것.
· 法律(법률) : 국가의 강제력을 수반하는 사회규범.

법칙 률 (彳부)   律律律律律律律律律 (총 9획)

律	律	律	律	律	律	律
법칙 률						
律						

한자의 유래 물이 가득 넘치다는 뜻을 결정한 물 수
(氵/水)와 발음을 결정한 나머지 한자로
이루어졌습니다.

· 滿發(만발) : 많은 꽃이 한꺼번에 활짝 핌.

찰 **만** (:) (氵/水부) 滿滿滿滿滿滿滿滿滿滿滿滿 (총 14획)

滿	滿	滿	滿	滿	滿	滿
찰 만						
滿						약자 滿

한자의 유래 고기 육(月/肉)과 물결이 여러 갈래로 흘러
가는 모습을 본뜬 한자로 몸 속에 여러 갈래
로 퍼져 있는 핏줄을 따라 물처럼 흘러가는
것을 말합니다.

· 山脈(산맥) : 많은 산이 길게 이어져 줄기 모양
을 하고 있는 산지.

줄기 **맥** (月/肉부) 脈脈脈脈脈脈脈脈脈脈 (총 10획)

脈	脈	脈	脈	脈	脈	脈
줄기 맥						
脈						

한자의 유래 손 수(手)와 구별해야 할 글자로 여러 갈래
털의 모습을 본뜬 한자입니다.

· 體毛(체모) : 사람 몸에 난 털.

터럭 **모** (毛부)   毛 毛 三 毛 (총 4획)

毛	毛	毛	毛	毛	毛	毛	毛
터럭 모							
毛							

한자의 유래 소 우(牛)와 칠 복(攵/攴)가 합쳐져 회초리를
든 손으로 소를 기른다는 뜻의 한자입니다.

· 牧場(목장) : 말, 소, 양 따위를 치거나 놓아기르는 시설
을 갖추어 놓은 일정 구역의 땅.

칠 **목** (牛부)   牧 牧 牧 牧 牧 牧 牧 牧 (총 8획)

牧	牧	牧	牧	牧	牧	牧
칠 목						
牧						

1. 다음 漢字語(한자어)의 讀音(독음)을 쓰세요.

1) 監督 (　　　　　)　　　　11) 滿期 (　　　　　)

2) 毒感 (　　　　　)　　　　12) 羅列 (　　　　　)

3) 靑銅 (　　　　　)　　　　13) 記錄 (　　　　　)

4) 北斗 (　　　　　)　　　　14) 文脈 (　　　　　)

5) 綠豆 (　　　　　)　　　　15) 兩分 (　　　　　)

6) 所得 (　　　　　)　　　　16) 論理 (　　　　　)

7) 連結 (　　　　　)　　　　17) 不毛地 (　　　　　)

8) 自律 (　　　　　)　　　　18) 高句麗 (　　　　　)

9) 電燈 (　　　　　)　　　　19) 留念 (　　　　　)

10) 列車 (　　　　　)　　　　20) 牧童 (　　　　　)

2. 다음 漢字(한자)의 訓(훈)과 音(음)을 쓰세요.

1) 牧 (　　　,　　　)　　　　6) 滿 (　　　,　　　)

2) 銅 (　　　,　　　)　　　　7) 得 (　　　,　　　)

3) 錄 (　　　,　　　)　　　　8) 毒 (　　　,　　　)

4) 斗 (　　　,　　　)　　　　9) 燈 (　　　,　　　)

5) 羅 (　　　,　　　)　　　　10) 兩 (　　　,　　　)

11) 列 (,   )   16) 律 (,   )

12) 豆 (,   )   17) 連 (,   )

13) 論 (,   )   18) 脈 (,   )

14) 麗 (,   )   19) 毛 (,   )

15) 督 (,   )   20) 留 (,   )

3. 다음 밑줄 친 단어를 漢字(한자)로 쓰세요.

1) 독기를 품은 눈으로 자신을 노려보는 괴물과 맞닥뜨리게 되었다. (   )

2) 이번 협상으로 양국 간의 경제교류가 활발히 진행될 것이다. (   )

3) 이 거리의 가로등은 정말 예쁘다. (   )

4) 올해에는 이득을 많이 남겨 작년의 손해를 만회하였다. (   )

5) 경주는 천년 동안 신라의 수도였다. (   )

6) 설명서에 있는 유의사항을 꼭 읽어보아야 한다. (   )

7) 이번 시험 결과에 매우 만족한다. (   )

8) 우리 집은 시골에 목장이 있다. (   )

9) 노래에 맞춰 율동을 해 보자. (   )

10) 오랜 논쟁 끝에 진실로 판명되었다. (   )

예상 문제

4. 다음 질문에 맞는 漢字(한자)를 보기에서 골라 번호를 쓰세요.

   (반의어, 동의어, 동음이의어, 완성형, 부수)

보기

① 毒 ② 督 ③ 銅 ④ 斗 ⑤ 豆
⑥ 得 ⑦ 燈 ⑧ 羅 ⑨ 兩 ⑩ 麗
⑪ 連 ⑫ 列 ⑬ 錄 ⑭ 論 ⑮ 留
⑯ 律 ⑰ 滿 ⑱ 脈 ⑲ 毛 ⑳ 牧

1) 監과 비슷한 의미의 한자는?

2) 二와 비슷한 의미의 한자는?

3) 鮮과 비슷한 의미의 한자는?

4) 失과 상대 또는 반대의 의미를 가진 한자는?

5) 切과 상대 또는 반대의 의미를 가진 한자는?

6) 空과 상대 또는 반대의 의미를 가진 한자는?

7) 動과 音은 같으나 뜻이 다른 한자는?

8) 九牛一(   )(아홉 마리 소에 털 한 가닥, 즉, 대단히 많은 것 중에 적은
   것)에 들어갈 한자는?

9) 卓上空(   )(탁상위에서만 펼치는 논설, 즉, 현실성이 없는 이론)에 들
   어갈 한자는?

10) 毋을 부수로 가진 한자는?

5. 다음 뜻에 맞는 한자를 보기에서 고르시오

보기	① 記錄	② 列車	③ 留念
	④ 毒感	⑤ 所得	

1) 후일을 위해 글로 남김 (   )

2) 잊지 않도록 마음에 간직하고 생각함 (   )

3) 지독한 감기 (   )

6. 다음 漢字(한자)의 略字(약자)를 쓰세요.

1) 燈 ⇨

2) 兩 ⇨

3) 滿 ⇨

만화로 읽는 사자성어

燈火可親 (등화가친)

등불을 가까이하여 글 읽기에 좋은 시절이라는 말로, 가을철을 이르는 말입니다.

눈 나빠지게 왜 촛불 아래서 책을 읽니?

학교에서 가을은 등불을 가까이 하고 책을 읽기에 좋은 계절이라고 배웠어요.

등화가친이라는 말이구나.

네.

음…, 근데 글씨가 흐릿하니까 졸립네.

등화가친 좋아하네.

❖ 燈:등 등, 火:불 화, 可:옳을 가, 親:친할 친

56

務 힘쓸 무	武 호반 무
未 아닐 미	密 빽빽할 밀

 味 맛 미

 博 넓을 박

房 방 방

訪 찾을 방

防 막을 방

拜 절 배

背 등 배

配 나눌/짝 배

伐 칠 벌

罰 벌할 벌

壁 벽 벽

邊 가 변

保 지킬 보

報 갚을/알릴 보

寶 보배 보

步 걸음 보

한자의 유래 발음을 결정한 무(矛)와 힘써 일을 한다는
뜻을 결정한 힘 력(力)이 합쳐졌습니다.

· 任務(임무) : 책임지고 맡은 일.

힘쓸 무 : (力부) 務務務矛矛矛矛務務務 (총 11획)

務	務	務	務	務	務	務
힘쓸 무						
務						

한자의 유래 발의 모습을 본뜬 정(正)과 창의 모습을
본뜬 과(戈)가 합쳐진 한자입니다.

· 武器(무기) : 적을 치거나 막는 데 쓰이는 온갖
도구.

호반 무 : (止부) 武武武武武武武武 (총 8획)

武	武	武	武	武	武	武
호반 무						
武						

한자의 유래 뜻을 결정한 입 구(口)와 소리를 결정한 미(未)가 합쳐진 한자입니다.

· 加味(가미) : 음식에 다른 식료품이나 양념 따위를 넣어 맛을 더하는 일.

맛 미 : (口부)   味味味味味味味味 (총 8획)

味	味	味	味	味	味	味	味
맛 미							
味							

한자의 유래 나무와 나뭇가지 끝의 모습을 표현한 글자로 '가늘다, 작다' 라는 뜻에서 '아니다' 라는 의미로 쓰입니다.

· 未達(미달) : 어떤 한도나 표준에 아직 이르지 못함.

아닐 미 (:) (木부)   未未未未未 (총 5획)

未	未	未	未	未	未	未	未
아닐 미							
未							

월   일   확인:

한자의 유래 갑골문에서 원래 밀(密)은 '宓'이었으나 지금은 산(山)이 합쳐져 필(必)은 무기의 모양, 면(宀)은 지붕의 모양으로 집안에 빽빽하게 산처럼 쌓아 놓은 무기를 뜻합니다.

· 密集(밀집) : 빽빽하게 모임.

빽빽할 밀 (宀부)   密密密密密密密密密密密 (총 11획)

密	密	密	密	密	密	密
빽빽할 밀						
密						

한자의 유래 천지사방을 뜻하는 열 십(十)과 발음을 결정한 부(尃)가 합쳐진 한자입니다.

· 博識(박식) : 널리 보고 들어서 아는 것이 많음.

넓을 박 (十부)   博博博博博博博博博博博博 (총 12획)

博	博	博	博	博	博	博
넓을 박						
博						

월 일 확인:

房

한자의 유래 한 쪽 문을 가진 방이란 뜻을 가진 호(戶)와 발음을 결정한 방(方)이 합쳐진 한자입니다.

· 房門(방문) : 방으로 드나드는 문.

방 방 (戶부) 房房房房房房房房 (총 8획)

房	房	房	房	房	房	房	房
방 방							
房							

訪

한자의 유래 찾아가서 방문하여 안부를 한다는 뜻을 결정한 말씀 언(言)과 발음을 결정한 방(方)이 합쳐진 한자입니다.

· 訪問(방문) : 어떤 사람이나 장소를 찾아가서 만나거나 봄.

찾을 방 : (言부) 訪訪訪訪訪訪訪訪訪訪訪 (총 11획)

訪	訪	訪	訪	訪	訪	訪	訪
찾을 방							
訪							

월   일 확인:

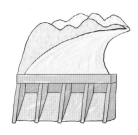

한자의 유래 언덕을 뜻하는 부(阝/阜)와 발음을 결정한 방(方)이 합쳐진 한자로 물을 막아둔다는 뜻에서 유래되었습니다.

· 國防(국방) : 침략으로부터 나라를 지킴.

막을 방 (阝/阜부)　防防防防防防防 (총 7획)

防	防	防	防	防	防	防	防
막을 방							
防							

한자의 유래 손 수(手)가 두 개 합쳐져 두 손을 나란히 모으고 공손히 절을 하고 있는 모습을 본뜬 한자입니다.

· 歲拜(세배) : 섣달 그믐이나 정초에 하는 인사.

절 배 : (手부)　拜拜拜拜拜拜拜拜拜 (총 9획)

拜	拜	拜	拜	拜	拜	拜	拜
절 배							
拜							

한자의 유래 사람이 서로 등진 모습을 본뜬 북(北)과
사람의 살을 뜻하는 고기 육(肉)이 합쳐져
'등지다', '등' 의 뜻이 되었습니다.

· 背信(배신) : 신의를 저버림.

등 배 : (月/肉부)   背背背背背背背背背 (총 9획)

背	背	背	背	背	背	背	背
등 배							
背							

한자의 유래 술단지의 모양을 본뜬 유(酉)와 무릎을 꿇어
앉은 모습을 본뜬 기(己)가 합쳐져 사람이
술단지와 짝이 되어 앉아 있다는 뜻에서
나온 한자입니다.

· 配達(배달) : 물건을 가져다 줌.

나눌/짝 배 : (酉부)   配配丙丙酉酉酉配配配 (총 10획)

配	配	配	配	配	配	配	配
나눌/짝 배							
配							

한자의 유래 사람 인(人)과 창 과(戈)가 합쳐진 한자로 창을 든 사람이 적을 친다는 뜻에서 유래 되었습니다.

· 伐草(벌초) : 무덤의 잡풀을 베어서 깨끗이 함.

칠 **벌** (亻/人부)   伐伐代代伐伐 (총6획)

伐	伐	伐	伐	伐	伐	伐	伐
칠 벌							
伐							

한자의 유래 죄 지은 사람을 그물[罒]로 잡아와 말[言]로 판결을 하고 칼[刂/刀]로 벌을 준다는 뜻에서 나온 한자입니다.

· 體罰(체벌) : 신체에 직접 고통을 주는 벌.

벌할 **벌** (罒부)   罰罰罰罰罰罰罰罰罰罰罰罰罰罰 (총14획)

罰	罰	罰	罰	罰	罰	罰
벌할 벌						
罰						

벽 **벽** (土부)

한자의 유래 발음을 결정한 벽(辟)와 흙을 만드는 재료를 뜻하는 흙 토(土)가 합쳐진 한자입니다.

· 壁畫(벽화) : 벽에 그린 그림.

壁 巳 尸 尺 屁 屁 屄 屄 辟 辟 辟 辟 壁 壁 壁 (총 16획)

壁	壁	壁	壁	壁	壁	壁	壁
벽 벽							
壁							

가 **변** (辶부)

한자의 유래 진행과 거리의 뜻을 동시에 가지고 있는 착(辶), 자(自)와 혈(穴)과 방(方)이 합쳐진 한자로 면(丏)은 발음을 결정했습니다.

· 江邊(강변) : 강가.

邊 臯 臯 臯 臯 邊 嚊 嚊 嚊 邊 邊 邊 (총 19획)

邊	邊	邊	邊	邊	邊	邊	邊
가 변							
邊							辺

65

한자의 유래 사람의 모양을 본뜬 사람 인(亻/人)과 어린 아이의 모양을 본떠 발음과 뜻을 동시에 가지고 있는 보(呆)가 합쳐진 한자입니다.

· 保留(보류) : 일들의 처리를 나중으로 미룸.

지킬 보(:) (亻/人부)   保保保保保保保保保 (총 9획)

保	保	保	保	保	保	保	保
지킬 보							
保							

한자의 유래 죄인의 손을 묶는 형틀의 모습을 본뜬 행(幸)과 죄인이 손을 내밀고 꿇어 앉아 있는 모습을 본뜬 한자입니다.

· 報告(보고) : 알리어 바침.

갚을/알릴 보 : (土부)   報報報報報報報幸報報報報 (총 12획)

報	報	報	報	報	報	報	報
갚을/알릴 보							
報							

한자의 유래 지붕의 모양을 본뜬 면(宀)과 보배를 뜻하는 구슬 옥(玉), 동이 부(缶), 조개 패(貝)가 합쳐진 한자입니다.

· 寶物(보물) : 보배로운 물건. 썩 드물고 귀한 물건.

보배 **보** : (宀부)   寶寶寶寶寶寶寶寶寶寶寶寶寶 (총 20획)

寶	寶	寶	寶	寶	寶	寶	寶
보배 보							
寶							약자
							宝

한자의 유래 두 개의 발 모습을 본떠 양쪽 발을 내디뎌 걸음을 걷다는 뜻으로 쓰였습니다.

· 步行(보행) : 걸어가는 일. 걷기.

걸음 **보** : (止부)   步步步步步步步 (총 7획)

步	步	步	步	步	步	步	步
걸음 보							
步							

1. 다음 漢字語(한자어)의 讀音(독음)을 쓰세요.

1) 海邊 (　　　　　　) 　11) 伐木 (　　　　　　)

2) 背反 (　　　　　　) 　12) 報道 (　　　　　　)

3) 博士 (　　　　　　) 　13) 寶物 (　　　　　　)

4) 業務 (　　　　　　) 　14) 賞罰 (　　　　　　)

5) 武術 (　　　　　　) 　15) 國防 (　　　　　　)

6) 冷房 (　　　　　　) 　16) 未來 (　　　　　　)

7) 配水 (　　　　　　) 　17) 密着 (　　　　　　)

8) 保留 (　　　　　　) 　18) 歲拜 (　　　　　　)

9) 意味 (　　　　　　) 　19) 壁畫 (　　　　　　)

10) 房門 (　　　　　　) 　20) 初步 (　　　　　　)

2. 다음 漢字(한자)의 訓(훈)과 音(음)을 쓰세요.

1) 邊 (　　　　,　　　　) 　6) 博 (　　　　,　　　　)

2) 武 (　　　　,　　　　) 　7) 房 (　　　　,　　　　)

3) 防 (　　　　,　　　　) 　8) 報 (　　　　,　　　　)

4) 拜 (　　　　,　　　　) 　9) 訪 (　　　　,　　　　)

5) 未 (　　　　,　　　　) 　10) 味 (　　　　,　　　　)

11) 背 (　　　,　　　)　　　16) 密 (　　　,　　　)

12) 伐 (　　　,　　　)　　　17) 壁 (　　　,　　　)

13) 務 (　　　,　　　)　　　18) 寶 (　　　,　　　)

14) 保 (　　　,　　　)　　　19) 步 (　　　,　　　)

15) 罰 (　　　,　　　)　　　20) 配 (　　　,　　　)

3. 다음 밑줄 친 단어를 漢字(한자)로 쓰세요

1) 우리 아버지는 다방면에 <u>박식</u>하시다. (　　　　　)

2) 이번 시험에서 성적 <u>미달</u>로 불합격했다. (　　　　　)

3) 이 곳은 인구 <u>밀집</u> 지역이다. (　　　　　)

4) 여름철에는 시원한 냉면이 <u>별미</u>입니다. (　　　　　)

5) 나는 아침에 신문 <u>배달</u>을 해. (　　　　　)

6) 그런 행동은 친구를 <u>배신</u>하는 거야. (　　　　　)

7) 큰 형은 <u>국방</u>의 의무를 다하기 위해 군대에 갔다. (　　　　　)

8) 무더운 날씨에 <u>보병</u>들은 지치기 시작하였다. (　　　　　)

9) 이번에 추진하던 계획이 <u>보류</u>되었다. (　　　　　)

10) 좋은 <u>정보</u>를 줘서 정말 고마워. (　　　　　)

4. 다음 질문에 맞는 漢字(한자)를 보기에서 골라 번호를 쓰세요.

　　(반의어, 동의어, 동음이의어, 완성형, 부수)

보기

① 務	② 武	③ 味	④ 未	⑤ 密
⑥ 博	⑦ 房	⑧ 訪	⑨ 防	⑩ 拜
⑪ 背	⑫ 配	⑬ 伐	⑭ 罰	⑮ 壁
⑯ 邊	⑰ 保	⑱ 報	⑲ 寶	⑳ 步

1) 文과 상대 또는 반대의 의미를 가진 한자는?

2) ⑰과 비슷한 의미의 다른 한자는?

3) 賞과 상대 또는 반대의 의미를 가진 한자는?

4) 勞와 비슷한 의미의 한자는?

5) 不과 비슷한 의미의 한자는?

6) 廣과 비슷한 의미의 한자는?

7) 變과 音은 같으나 뜻이 다른 한자는?

8) 五十(　　)百(　　)(조금 낮고 못한 차이가 있을 뿐 큰 차이가 없음)에
　　들어갈 한자는?

9) 二律(　　)反(같은 근거를 가지고 주장되는 두 주장이 모순됨)에 들어

갈 한자는?

10) 口를 부수로 가지는 한자는?

5. 다음 뜻에 맞는 한자를 보기에서 고르시오

보기
① 背反   ② 房門   ③ 歲拜
④ 初步   ⑤ 配水

1) 방으로 드나드는 문 (   )

2) 정초에 웃어른에게 하는 절 (   )

3) 무엇을 배울 때의 처음수준 (   )

6. 다음 漢字(한자)의 略字(약자)를 쓰세요.

1) 邊 ⇨

2) 麗 ⇨

3) 擧 ⇨

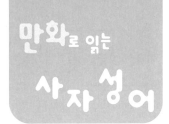

背恩忘德 (배은망덕)

은혜를 저버리고 배반함을 이르는 말입니다.

❖ 背:등 배, 恩:은혜 은, 忘:잊을 망, 德:큰 덕

復 회복할 복/다시 부	副 버금 부	婦 며느리 부
富 부자 부	府 마을/관청 부	佛 부처 불
備 갖출 비	悲 슬플 비	非 아닐 비
飛 날 비	貧 가난할 빈	寺 절 사
師 스승 사	舍 집 사	 謝 사례할 사
殺 죽일 살/감할 쇄	常 떳떳할 상	 床 상 상
想 생각 상	狀 형상 상/문서 장	

회복할 **복**/다시 **부**: (彳부)

한자의 유래 길거리의 모습을 본뜬 행(行)의 왼쪽 글자인 척(彳)은 뜻으로 쓰였고 복(夊)은 발음을 결정했습니다.

· 復活(부활) : 죽었다가 되살아남.

復復復復復復復復復復復復 (총 12획)

復	復	復	復	復	復	復
회복할 복/다시 부						
復						

버금 **부** : (刂/刀부)

한자의 유래 발음을 결정한 복(畐)과 쪼개다는 뜻을 결정한 칼 도(刂/刀)가 합쳐져 지금은 '버금'이란 뜻으로 많이 쓰이는 한자입니다.

· 副賞(부상) : 정식 상 이외에 덧붙여주는 상금이나 상품.

副副副副副副副副副副副 (총 11획)

副	副	副	副	副	副	副
버금 부						
副						

며느리 **부** (女부)

한자의 유래 여자의 모양을 본뜬 여(女)와 빗자루의 모양을 본뜬 추(帚)는 발음과 뜻을 동시에 가지고 있는 글자로 여자가 집안에서 빗자루로 청소를 하는 모습을 나타냈습니다.

· 婦人(부인) : 결혼한 여자.

く帚 女帚 女帚 女帚 女帚 女帚 婦 婦 婦 婦 婦 (총 11획)

婦	婦	婦	婦	婦	婦	婦	婦
며느리 부							
婦							

부자 **부** : (宀부)

한자의 유래 지붕의 모습을 본뜬 면(宀)과 술동이의 모습을 본뜬 복(畐)이 합쳐져 집안 가득 술동이에 술을 담아 놓은 부잣집을 뜻합니다.

· 富者(부자) : 재산이 많은 사람.

富 富 富 富 富 富 富 富 宔 宔 富 富 (총 12획)

富	富	富	富	富	富	富	富
부자 부							
富							

한자의 유래 집이란 뜻을 가진 엄(广)과 발음을 결정한 부(付)가 합쳐진 한자입니다.

· 政府(정부) : 국가의 정책을 집행하는 행정부.

마을/관청 **부**(:) (广부)　府府府府府府府府 (총 8획)

府	府	府	府	府	府	府	府
마을/관청 부							
府							

한자의 유래 지금은 '붓다' 라는 발음과 비슷한 글자라고 하여 부처라는 뜻으로 쓰이지만 원래는 불(弗)과 사람 인(人)이 합쳐져 바로 잡는 사람이란 뜻을 가졌습니다.

· 佛經(불경) : 부처의 가르침을 적은 경전.

부처 **불** (亻/人부)　佛佛佛佛佛佛佛 (총 7획)

佛	佛	佛	佛	佛	佛	佛	佛
부처 불							약자
佛							仏

한자의 유래 사람 인(亻/人)과 화살통에 화살을 가득 담은 비(備)가 합쳐져 언제든지 화살을 쏠 준비를 하고 있는 사람이란 뜻입니다.

· 具備(구비) : 필요한 것을 빠짐없이 갖춤.

갖출 비 : (亻/人부)   備備備備備備備備備備備 (총 12획)

備	備	備	備	備	備	備	備
갖출 비							
備							

한자의 유래 발음과 뜻을 동시에 가지고 있으면서 부정적인 의미로 쓰이고 있는 비(非)와 사람의 감정을 나타내는 심(心)이 합쳐졌습니다.

· 悲運(비운) : 슬픈 운수.

슬플 비 : (心부)   悲悲悲悲悲悲悲悲悲悲悲悲 (총 12획)

悲	悲	悲	悲	悲	悲	悲	悲
슬플 비							
悲							

한자의 유래 새의 깃의 모양인 우(羽)가 뒤집어진 모습의 글자로 나란하지 않은 날개로는 날지 못한다는 의미로 그릇되다, 잘못되었다는 뜻을 가지고 있습니다.

· 非行(비행) : 그릇된 행위.

아닐 **비** (:) (非부)   ﾉ ﾉ ﾕ ﾕ ﾕ 非 非 非 (총 8획)

非	非	非	非	非	非	非	非
아닐 비							
非							

한자의 유래 날아가는 새의 모양을 본뜬 한자입니다.

· 飛行(비행) : 공중으로 날아 감.

날 **비** (飛부)   飛 飛 飛 飛 飛 飛 飛 飛 飛 (총 9획)

飛	飛	飛	飛	飛	飛	飛	飛
날 비							
飛							

가난할 **빈** (貝부)

한자의 유래 발음과 뜻을 동시에 가지고 있는 분(分)과 재물과 관련된 글자인 조개 패(貝)가 합쳐져 많은 돈을 나누어 가난하게 되다는 뜻을 가지고 있는 한자입니다.

· 貧富(빈부) : 가난함과 넉넉함.

貧 貧 貧 貧 貧 貧 貧 貧 貧 貧 貧 (총 11획)

貧	貧	貧	貧	貧	貧	貧	貧
가난할 빈							
貧							

절 **사** (寸부)

한자의 유래 윗부분의 발의 모양을 본뜬 지(止)와 손의 모양을 본뜬 촌(寸)이 합쳐져 처음에는 '들다' 는 뜻이었는데 지금은 '절', '관청' 등의 뜻으로 쓰입니다.

· 山寺(산사) : 산 속에 있는 절.

寺 寺 寺 寺 寺 寺 (총 6획)

寺	寺	寺	寺	寺	寺	寺	寺
절 사							
寺							

스승 **사** (巾부)

한자의 유래 흙을 쌓아 놓은 모습을 표현한 왼쪽의 글자와 수건을 아래로 늘어뜨려 놓은 잡(帀)이 합쳐져 우두머리가 주둔하는 곳이라는 의미에서 스승이란 뜻으로 쓰입니다.

· 藥師(약사) : 약에 관한일을 직업으로 하는 사람.

師師師師師自師師師師 (총 10획)

師	師	師	師	師	師	師
스승 사						
師						师

집 **사** (舌부)

한자의 유래 지붕[人]과 기둥[干]과 주춧돌[口]의 모양을 간직하고 있는 집의 모양을 표현한 한자입니다.

· 官舍(관사) : 관리가 살도록 관에서 지은 집.

舍舍舍合舍舍舍舍 (총 8획)

舍	舍	舍	舍	舍	舍	舍
집 사						
舍						

사례할 사 : (言부)

한자의 유래 말로 사례를 하다는 뜻을 결정한 말씀 언(言)과 발음을 결정한 사(射)가 합쳐진 한자입니다.

· 感謝(감사) : 고마움을 나타내는 인사.

謝 謝 訮 訽 訽 詶 詶 詶 謝 謝 謝 (총 17획)

謝	謝	謝	謝	謝	謝	謝	謝
사례할 사							
謝							

죽일 살/ 감할 쇄 : (殳부)

한자의 유래 왼쪽에 있는 글자는 짐승의 모습이고 오른쪽의 수(殳)는 손에 몽둥이를 쥐고 있는 모습을 본뜬 글자로 짐승을 몽둥이로 때려 잡는다는 뜻에서 나왔습니다.

· 殺害(살해) : 사람을 해쳐서 죽임.

殺 殺 殺 殺 殺 殺 殺 殺 殺 殺 殺 (총 11획)

殺	殺	殺	殺	殺	殺	殺	殺
죽일 살/감할 쇄							
殺							

떳떳할 상 (巾부)

한자의 유래 발음을 결정한 상(尙)과 수건을 드리운 모습의 건(巾)이 합쳐진 한자입니다.

· 常識(상식) : 보통 사람으로서 으레 가지고 있을 일반적인 지식이나 판단력.

常常常常常常常常常常常 (총 11획)

常	常	常	常	常	常	常	常
떳떳할 상							
常							

상 상 (广부)

한자의 유래 발음을 결정한 장(广)과 상을 만드는 재료를 뜻하는 나무 목(木)이 합쳐졌습니다.

· 病床(병상) : 병든 사람이 누워있는 자리.

床床床床床床床 (총 7획)

床	床	床	床	床	床	床	床
상 상							
床							

한자의 유래 발음을 결정한 상(相)과 감정을 나타내는 마음 심(心)이 합쳐진 한자입니다.

· 空想(공상) : 현실적이지 않은 것을 마음대로 상상함.

생각 **상** : (心부)　想 想 想 想 相 相 想 想 想 想 想 想 (총 13획)

想	想	想	想	想	想	想
생각 상						
想						

한자의 유래 소리를 결정한 장(爿)과 짐승의 모양이란 뜻을 결정한 개 견(犬)이 합쳐졌습니다.

· 答狀(답장) : 회답하여 보내는 편지.

형상 **상**/ 문서 **장** : (犬부)　狀 狀 狀 狀 狀 狀 狀 狀 (총 8획)

狀	狀	狀	狀	狀	狀	狀
형상 상/문서 장						**약자**
狀						状

1. 다음 漢字語(한자어)의 讀音(독음)을 쓰세요.

1) 復活 (   )   11) 悲運 (   )

2) 佛敎 (   )   12) 藥師 (   )

3) 淸貧 (   )   13) 病床 (   )

4) 殺害 (   )   14) 富者 (   )

5) 實狀 (   )   15) 非行 (   )

6) 副題 (   )   16) 官舍 (   )

7) 警備 (   )   17) 理想 (   )

8) 寺院 (   )   18) 立法府 (   )

9) 正常 (   )   19) 飛行 (   )

10) 新婦 (   )   20) 謝過 (   )

2. 다음 漢字(한자)의 訓(훈)과 音(음)을 쓰세요.

1) 床 (,   )   6) 佛 (,   )

2) 復 (,   )   7) 府 (,   )

3) 婦 (,   )   8) 備 (,   )

4) 非 (,   )   9) 寺 (,   )

5) 貧 (,   )   10) 飛 (,   )

11) 謝 (　　　　,　　　　)　　16) 常 (　　　　,　　　　)

12) 悲 (　　　　,　　　　)　　17) 想 (　　　　,　　　　)

13) 副 (　　　　,　　　　)　　18) 富 (　　　　,　　　　)

14) 師 (　　　　,　　　　)　　19) 狀 (　　　　,　　　　)

15) 殺 (　　　　,　　　　)　　20) 舍 (　　　　,　　　　)

3. 다음 밑줄 친 단어를 漢字(한자)로 쓰세요

1) 생활고로 그는 밤에 부업을 하였다. (　　　　　　　)

2) 빈부격차의 문제가 심각해졌다. (　　　　　　　)

3) 반복되는 훈련으로 모두가 피곤하였다. (　　　　　　　)

4) 저 새는 하늘을 향해 비상한다. (　　　　　　　)

5) 어머니께서는 산사에 불공을 드리러 가셨다. (　　　　　　　)

6) 그는 비리를 저지른 혐의로 구속되었다. (　　　　　　　)

7) 불교에서는 살생을 금지한다. (　　　　　　)

8) 그 책을 읽고 난 감상을 적어 보아라. (　　　　　　)

9) 미래를 대비하여 새로운 연구에 매진하였다. (　　　　　　)

10) 올해 고모는 중학교 영어교사가 되었다. (　　　　　　)

4. 다음 질문에 맞는 漢字(한자)를 보기에서 골라 번호를 쓰세요.

　 (반의어, 동의어, 동음이의어, 완성형, 부수)

보기

① 復	② 副	③ 婦	④ 富	⑤ 府
⑥ 佛	⑦ 備	⑧ 悲	⑨ 非	⑩ 飛
⑪ 貧	⑫ 寺	⑬ 師	⑭ 舍	⑮ 謝
⑯ 殺	⑰ 常	⑱ 床	⑲ 想	⑳ 狀

　 1) 夫와 상대 또는 반대의 의미를 가진 한자는?

　 2) 樂과 상대 또는 반대의 의미를 가진 한자는?

　 3) 生과 상대 또는 반대의 의미를 가진 한자는?

　 4) 村과 비슷한 의미를 가진 한자는?

　 5) 具와 비슷한 의미를 가진 한자는?

　 6) 家와 비슷한 의미를 가진 한자는?

　 7) 不과 音은 같으나 뜻이 다른 한자는?

　 8) (　　)國强兵(나라를 부유하게하고 군대를 강하게 함)에 들어갈 한자
　　 는?

　 9) 人生無(　　)(인생이 덧없음)에 들어갈 한자는?

　 10) 犬을 부수로 가지는 한자는?

貧 寺 師 舍 謝 殺 常 床 想 狀

5. 다음 뜻에 맞는 한자를 보기에서 고르시오

보기
① 溫床　　② 藥師　　③ 副題
④ 新婦　　⑤ 理想

1) 식물을 기르기 위해 인공적으로 따뜻하게 하는 장비, 또는 어떤 현상이나 사상, 세력이 자라나는 바탕을 비유하기도 함. (　　　)

2) 면허를 받아 약과 관련된 일을 하는 사람. (　　　)

3) 생각의 범위 안에서 가장 완전한 상태. (　　　)

6. 다음 漢字(한자)의 略字(약자)를 쓰세요.

1) 佛 ⇨

2) 師 ⇨

3) 狀 ⇨

有備無患 (유비무환)

준비가 있으면 근심할 것이 없음을 이르는 말입니다.

❖ 有 : 있을 유, 備 : 갖출 비, 無 : 없을 무, 患 : 근심 환

 設 베풀 설	城 재 성	星 별 성
 盛 성할 성	 聖 성인 성	聲 소리 성
誠 정성 성	勢 형세 세	稅 세금 세
 細 가늘 세	掃 쓸 소	 笑 웃음 소
素 본디/흴 소	 俗 풍속 속	續 이을 속
 送 보낼 송	修 닦을 수	受 받을 수
 守 지킬 수	授 줄 수	

한자의 유래 말을 베풀어 어떠한 일을 한다는 뜻을 결정한 말씀 언(言)과 몽둥이를 든 손의 모습인 수(殳)가 합쳐져 몽둥이를 들고 말로 어떠한 일을 지휘한다는 의미가 되었습니다.

· 設敎(설교) : 종교 상의 교리를 널리 설명함.

베풀 **설** (言부)   設設設設設設設設設設設 (총 11획)

設	設	設	設	設	設	設	設
베풀 설							
設							

한자의 유래 흙으로 만든 성의 뜻을 결정한 흙 토(土)와 발음을 결정한 성(成)이 합쳐진 한자입니다.

· 土城(토성) : 흙으로 쌓아올린 성

재 **성** (土부)   城城城城城坑坑城城城 (총 10획)

城	城	城	城	城	城	城
재 성						
城						

한자의 유래 반짝이는 행성이란 뜻을 가진 일(日)과
발음을 결정한 생(生)이 합쳐진 한자입니다.

· 星月(성월) : 별과 달

별 성 (日부)

星 星 星 星 星 星 星 星 星 (총 9획)

星	星	星	星	星	星	星
별 성						
星						

한자의 유래 발음을 결정한 성(成)과 그릇의 모양을
본뜬 그릇 명(皿)이 합쳐진 한자입니다.

· 盛業(성업) : 사업이나 장사가 잘되는 일.

성할 성 : (皿부)

盛 盛 盛 盛 成 成 成 成 成 盛 盛 盛 (총 12획)

盛	盛	盛	盛	盛	盛	盛
성할 성						
盛						

한자의 유래 귀[耳]와 입[口]과 사람 인(人)의 변형자인 壬이 합쳐진 한자로 제대로 듣고 제대로 말하는 사람인 성인(聖人)이란 뜻을 결정 했습니다.

· 聖人(성인) : 지덕이 뛰어나 세상 사람들에게 모범으로서 숭상받는 사람.

성인 **성** : (耳부)

聖 聖 聖 聖 聖 聖 聖 聖 聖 聖 聖 聖 聖 (총 13획)

聖	聖	聖	聖	聖	聖	聖	聖
성인 성							
聖							

한자의 유래 殸은 매달아 놓은 편경의 모습이고 수(殳) 는 몽둥이를 쥐고 있는 모습으로 편경을 두들겨 소리를 낸다는 뜻에서 뜻을 강조한 귀 이(耳)가 합쳐진 한자입니다.

· 聲樂(성악) : 사람의 목소리를 중심으로 하는 음악.

소리 **성** (耳부)

聲 聲 聲 聲 聲 聲 聲 聲 聲 聲 聲 聲 (총 17획)

聲	聲	聲	聲	聲	聲	聲	聲
소리 성							
聲							약자
							声

誠

정성 **성** (言부)

한자의 유래 말로 정성을 표시한다는 뜻을 결정한 말씀 언(言)과 발음을 결정한 성(成)이 합쳐진 한자입니다.

· 誠金(성금) : 정성으로 내는 돈.

誠誠誠誠誠誠誠誠誠誠誠誠誠誠 (총 14획)

誠	誠	誠	誠	誠	誠	誠	誠
정성 성							
誠							

勢

형세 **세** : (力부)

한자의 유래 발음을 결정한 埶(예)와 뜻을 결정한 아래의 힘 력(力)이 합쳐진 한자입니다.

· 勢道(세도) : 정치의 권세, 세력을 쓸 수 있는 사회적 지위나 권세.

勢勢勢勢勢勢勢勢勢勢勢勢勢 (총 13획)

勢	勢	勢	勢	勢	勢	勢	勢
형세 세							
勢							

한자의 유래 세금을 냈던 용도인 벼의 모양을 딴 벼 화 (禾)와 발음을 결정한 태(兑)가 합쳐진 한자 입니다.

· 稅金(세금) : 국가나 지방 공공 단체가 조세로서 징수하는 돈.

세금 세 : (禾부)   稅稅千稅禾稅稅稅稅稅稅稅 (총 12획)

稅	稅	稅	稅	稅	稅	稅	稅
세금 세							
稅							

한자의 유래 실뭉치의 모양인 사(糸)와 머리 신(囟)이 변한 형태인 전 (田)이 합쳐진 한자로 아직 여물지 않은 어린 아이의 머리 모양과 실 에서 '가늘다'는 뜻을 따왔습니다.

· 細分(세분) : 잘게 나눔. 자세하게 분류함.

가늘 세 : (糸부)   細細細糸糸糸細細細細細 (총 11획)

細	細	細	細	細	細	細
가늘 세						
細						

한자의 유래 손의 모양을 본뜬 수(扌/手)와 빗자루의 모양을 본뜬 추(帚)가 합쳐진 글자로 빗자루를 쥐고 쓴다는 뜻을 가졌습니다.

· 淸掃(청소) : 치워서 깨끗이 함.

쓸 소 (:) (扌/手부)　掃掃掃掃掃掃掃掃掃掃掃 (총 11획)

掃	掃	掃	掃	掃	掃	掃	掃
쓸 소							
掃							

한자의 유래 아직 정확한 어원이 밝혀진 바가 없는 한자로 갑골문에서는 竹 + 犬이 합쳐졌던 것이 지금은 웃다는 뜻으로 쓰이고 있습니다.

· 談笑(담소) : 웃으며 이야기를 나눔.

웃음 소 : (竹부)　笑笑笑笑笑笑笑笑笑笑 (총 10획)

笑	笑	笑	笑	笑	笑	笑	笑
웃음 소							
笑							

한자의 유래 두 손과 실 뭉치가 합쳐진 글자로 아직 물들이지 않은 깨끗하고 흰 실이란 뜻에서 희다는 뜻이 왔습니다.

· 素服(소복) : 흰 옷

본디/흴 **소**(:) (糸부)　素素素素素素素素素素(총 10획)

素	素	素	素	素	素	素	素
본디 / 흴 소							
素							

한자의 유래 사람의 생활이 풍속이라는 뜻에서 온 뜻인 사람 인(亻/人)과 발음을 결정한 곡(谷)이 합쳐진 한자입니다.

· 民俗(민속) : 민간의 풍속

풍속 **속** (亻/人부)　俗俗俗俗俗俗俗俗俗 (총 9획)

俗	俗	俗	俗	俗	俗	俗	俗
풍속 속							
俗							

한자의 유래 실을 서로 잇는다는 뜻에서 온 글자인 실
사(糸)와 발음을 결정한 육(賣)이 합쳐진 한
자입니다.

· 續開(속개) : 멈추었던 회의 등을 계속하여 엶.

이을 **속** (糸부)   續 續 續 糹 續 糸 糹 糹 續 續 續 續 續 續 續 (총 21획)

續	續	續	續	續	續	續
이을 속						
續						

한자의 유래 진행을 뜻하는 착(辶)과 두 손을 마주 잡고
있는 모습을 결정한 '癶'이 합쳐져 손을 마
주잡고 전송(餞送)하는 것을 뜻합니다.

· 送別會(송별회) : 멀리 떠나는 이와 서운함을
달래기 위해 베푸는 모임.

보낼 **송** : (辶부)   送 送 送 送 癶 癶 送 送 送 送 (총 10획)

送	送	送	送	送	送	送
보낼 송						
送						

월   일 확인:

한자의 유래 발음을 결정한 유(攸)와 뜻을 결정한 터럭 삼(彡)으로 이루어진 글자로 털이 빛나다, 무늬지다는 의미에서 '닦아서 빛나게 하다' 는 뜻으로 쓰입니다.

· 修交(수교) : 나라와 나라 사이에 국교를 맺음.

닦을 **수** (亻/人부)   修修修修修修修修修修 (총 10획)

修	修	修	修	修	修	修	修
닦을 수							
修							

한자의 유래 손의 모양을 본뜬 조(爪)와 물건의 모양인 一, 또 다른 손의 모양인 又가 합쳐져서 주는 물건을 받고 있는 모습을 본떠 만들 었습니다.

· 受業(수업) : 제자가 학업을 스승에게 받음.

받을 **수** (:) (又부)   受受受受受受受受 (총 8획)

受	受	受	受	受	受	受	受
받을 수							
受							

지킬 **수** (宀부)

한자의 유래 지붕의 모습인 면(宀)과 손의 모습인 촌(寸)이 합쳐진 한자로 주먹을 불끈 쥐고 자신의 집을 지킨다는 뜻입니다.

· 守備(수비) : 지키어 방어함.

守守守守守守 (총 6획)

守	守	守	守	守	守	守	守
지킬 수							
守							

줄 **수** (扌/手부)

한자의 유래 손으로 주다는 뜻을 결정한 손 수(扌/手)와 발음을 결정한 수(受)가 합쳐진 한자입니다.

· 授賞(수상) : 상을 주다.

授授授授授授授授授授授 (총 11획)

授	授	授	授	授	授	授
줄 수						
授						

1. 다음 漢字語(한자어)의 讀音(독음)을 쓰세요.

1) 建設 (　　　　　)　　　　11) 平素 (　　　　　)

2) 音聲 (　　　　　)　　　　12) 受講 (　　　　　)

3) 淸掃 (　　　　　)　　　　13) 保守 (　　　　　)

4) 放送 (　　　　　)　　　　14) 民俗 (　　　　　)

5) 修養 (　　　　　)　　　　15) 稅務 (　　　　　)

6) 談笑 (　　　　　)　　　　16) 極盛 (　　　　　)

7) 熱誠 (　　　　　)　　　　17) 聖堂 (　　　　　)

8) 土城 (　　　　　)　　　　18) 細分 (　　　　　)

9) 流星 (　　　　　)　　　　19) 連續 (　　　　　)

10) 氣勢 (　　　　　)　　　　20) 敎授 (　　　　　)

2. 다음 漢字(한자)의 訓(훈)과 音(음)을 쓰세요.

1) 素 (　　　,　　　)　　　　6) 聲 (　　　,　　　)

2) 設 (　　　,　　　)　　　　7) 守 (　　　,　　　)

3) 星 (　　　,　　　)　　　　8) 勢 (　　　,　　　)

4) 笑 (　　　,　　　)　　　　9) 稅 (　　　,　　　)

5) 送 (　　　,　　　)　　　　10) 細 (　　　,　　　)

11) 城 (,   )   16) 聖 (,   )

12) 掃 (,   )   17) 修 (,   )

13) 俗 (,   )   18) 續 (,   )

14) 受 (,   )   19) 授 (,   )

15) 盛 (,   )   20) 誠 (,   )

3. 다음 밑줄 친 단어를 漢字(한자)로 쓰세요

1) 물건을 살 때는 세밀하게 살펴보아야 한다. (   )

2) 그 곳에는 성지를 순례하려는 사람들로 가득하였다. (   )

3) 적군이 쳐들어오지 못하게 성문을 굳게 닫아라. (   )

4) 학교에서 수재민 돕기 성금을 냈습니다. (   )

5) 우리 언니는 대학에서 성악을 공부한다. (   )

6) 축제의 개막식이 성대하게 열렸다. (   )

7) 세 살 버릇 여든까지 간다는 속담이 있다. (   )

8) 이 강의는 이번 학기에 신설되었다. (   )

9) 우리 집 근처 성당에는 수녀님이 두 분 계신다. (   )

10) 보충 수업 시간에 졸면 안 돼. (   )

4. 다음 질문에 맞는 漢字(한자)를 보기에서 골라 번호를 쓰세요.
　 (반의어, 동의어, 동음이의어, 완성형, 부수)

> 보
> 기
>
> ① 設　② 城　③ 星　④ 盛　⑤ 聖
> ⑥ 聲　⑦ 誠　⑧ 勢　⑨ 稅　⑩ 細
> ⑪ 掃　⑫ 笑　⑬ 素　⑭ 俗　⑮ 續
> ⑯ 送　⑰ 修　⑱ 受　⑲ 守　⑳ 授

1) 音과 비슷한 의미의 한자는?

2) 權과 비슷한 의미의 한자는?

3) 質과 비슷한 의미의 한자는?

4) 亡과 상대 또는 반대의 의미를 가진 한자는?

5) 斷과 상대 또는 반대의 의미를 가진 한자는?

6) 伐과 상대 또는 반대의 의미를 가진 한자는?

7) 雪과 音은 같으나 뜻이 다른 한자는?

8) (　　)己治人(자기 몸을 닦아 남을 교화시킴)에 들어갈 한자는?

9) (　　)心(　　)意(참되고 성실한 마음과 뜻)에 들어갈 한자는?

10) 竹을 부수로 가진 한자는?

102

5. 다음 뜻에 맞는 한자를 보기에서 고르시오

> 보기
> ① 流星　　② 淸掃　　③ 受講
> ④ 平素　　⑤ 談笑

1) 웃고 즐기면서 이야기함 (　　　　　　　　)

2) 별똥별 (　　　　　　　)

3) 더러운 것을 쓸고 닦아 깨끗하게 함 (　　　　　　　　)

6. 다음 漢字(한자)의 略字(약자)를 쓰세요.

1) 聲 ⇨

2) 輕 ⇨

3) 關 ⇨

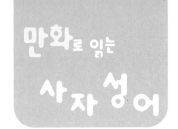

烏飛梨落 (오비이락)

까마귀 날자 배 떨어진다는 뜻으로 공교롭게도 어떤 일이 같은 때에
일어나 남의 의심을 받게 됨을 이르는 말입니다.

으~ 시원하다.
더운 날은 역시
아이스크림이 최고야.

누가 우리
아기를 울려.

이, 이건 완전히
오비이락이네.
이건 제 아이스크림이고요.
얘건 개가 물고 갔어요.

이 오빠 말이
맞니?

응.

❖ 烏:까마귀 오, 飛:날 비, 梨:배 리(이), 落:떨어질 락

 收 거둘 수

純 순수할 순

承 이을 승

 施 베풀 시

是 이/옳을 시

視 볼 시

 試 시험 시

詩 시 시

息 쉴 식

 申 납 신

深 깊을 심

眼 눈 안

 暗 어두울 암

壓 누를/억누를 압

液 진 액

 羊 양 양

如 같을 여

餘 남을 여

 逆 거스릴 역

演 펼 연

한자의 유래 규(糾)는 발음을 결정하였고 복(攵/支)은 손에 막대기를 쥐고 어떠한 물건이나 사람을 '잡아 가다, 거두어 가다' 는 뜻을 결정했습니다.

· 收入(수입) : 금품이나 곡물 등을 거두어 들임.

거둘 **수** (攵/支부) 收收收收收收 (총 6획)

收	收	收	收	收	收	收
거둘 수						
收						

한자의 유래 삶아서 익히지 않은 순수한 상태의 생사(生絲) 라는 뜻을 가진 한자로 왼쪽에 있는 사(糸)는 글자의 뜻을, 오른쪽의 둔(屯)은 발음을 결정 했습니다.

· 純情(순정) : 순진한 마음, 참되고 깨끗한 마음.

순수할 **순** (糸부) 純純純純純純純純純純 (총 10획)

純	純	純	純	純	純	純
순수할 순						
純						

한자의 유래 사람의 모습을 본뜬 료(了)와 양손의 모습을 본뜬 나머지 글자가 합쳐져 양손으로 지체가 높은 사람을 '받든다', '뜻을 잇는다' 는 의미 입니다.

· 承服(승복) : 잘 이해하여 복종함.

이을 **승** (手부)   承 了 了 子 手 手 承 承 (총 8획)

承	承	承	承	承	承	承	承
이을 승							
承							

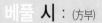

한자의 유래 깃발이 베풀어지다는 뜻을 가진 '㫃'과 발음을 결정한 야(也)가 합쳐진 한자입니다.

· 施工(시공) : 공사를 시행함.

베풀 **시** : (方부)   施 施 施 施 施 施 施 施 施 (총 9획)

施	施	施	施	施	施	施	施
베풀 시							
施							

한자의 유래 해의 모습을 본뜬 일(日)과 발의 모습을 본뜬 족(足)이 합쳐져 해를 보고 똑바로 걸어 간다는 의미로 '옳다'는 뜻이 되었고, 지시 대명사인 '이것'으로도 쓰입니다.

· 是正(시정) : 잘못된 것을 바로 잡음.

이/옳을 **시** : (日부)　是 是 是 是 是 是 是 是 是 (총 9획)

是	是	是	是	是	是	是	是
이 시							
是							

한자의 유래 발음을 결정한 시(示)와 눈의 모습을 본떠 뜻을 결정한 볼 견(見)이 합쳐졌습니다.

· 視力(시력) : 물체의 형태를 분간하는 눈의 능력.

볼 **시** : (見부)　視 視 視 視 視 視 視 視 視 視 視 視 (총 12획)

視	視	視	視	視	視	視	視
볼 시							
視							

한자의 유래 말로 시험을 보다는 뜻을 결정한 말씀 언
(言)과 뜻을 결정한 식(式)이 합쳐졌습니다.

· 試合(시합) : 무술이나 운동경기에서 승패를
겨루는 일

시험 **시** (:) (言부)　試試試試試試試試試試試試試 (총 13획)

試	試	試	試	試	試	試	試
시험 시							
試							

한자의 유래 뜻을 결정한 말씀 언(言)과 발음을 결정한
사(寺)가 합쳐졌습니다.

· 詩人(시인) : 시를 짓는 사람.

시 **시** (言부)　詩詩詩詩詩詩詩詩詩詩詩詩詩 (총 13획)

詩	詩	詩	詩	詩	詩	詩	詩
시 시							
詩							

한자의 유래 코의 모습을 본뜬 글자인 자(自)와 심장의 모습을 본뜬 심(心)이 합쳐져 가슴 속에 있는 숨을 코로 내뱉고 들이 쉰다는 뜻을 가진 한자입니다.

· 休息(휴식) : 잠시 쉼.

쉴 식(心部) 息息自自自自息息息息 (총 10획)

息	息	息	息	息	息	息	息
쉴 식							
息							

한자의 유래 하늘에 여러 번 번쩍이는 번개의 모양을 본뜬 한자로 지금은 지지(地支)의 뜻으로 많이 쓰입니다.

· 申告(신고) : 상사나 회사 관청에 공적인 사실을 알리는 것.

납 신(田部) 申申申日申 (총 5획)

申	申	申	申	申	申	申	申
납 신							
申							

한자의 유래 뜻을 결정한 물 수(氵/水)와 발음을 결정한 오른쪽 글자가 합쳐졌습니다.

· 深海(심해) : 깊은 바다.

깊을 **심** (氵/水부)　深深深深深深深深深深深 (총 11획)

深	深	深	深	深	深	深
깊을 심						
深						

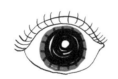

한자의 유래 눈의 모습을 본뜬 목(目)과 발음을 결정한 간(艮)이 합쳐진 한자입니다.

· 老眼(노안) : 나이가 많아 시력이 약해진 눈.

눈 **안** : (目부)　眼眼眼眼眼眼眼眼眼眼眼 (총 11획)

眼	眼	眼	眼	眼	眼	眼
눈 안						
眼						

한자의 유래 날씨와 시간을 뜻하는 일(日)과 발음을 결정한 음(音)이 합쳐진 한자입니다.

· 明暗(명암) : 밝음과 어두움.

어두울 **암** : (日부) Ⅰ暗暗暗日日暗暗暗暗暗暗暗 (총 13획)

暗	暗	暗	暗	暗	暗	暗	暗
어두울 암							
暗							

한자의 유래 발음을 결정한 염(厭)과 흙으로 누르다는 뜻을 가진 토(土)가 합쳐졌습니다.

· 壓力(압력) : 누르는 힘.

누를/억누를 **압** (土부) 壓壓壓壓壓壓壓厭厭厭厭厭厭壓壓壓 (총 17획)

壓	壓	壓	壓	壓	壓	壓
누를/억누를 압						
壓						圧

진 액(氵/水부)

한자의 유래 액체라는 뜻을 결정한 물 수(氵/水)와 발음을 결정한 야(夜)가 합쳐진 한자입니다.

· 血液(혈액) : 피

液液液液液液液液液液液 (총 11획)

液	液	液	液	液	液	液
진 액						
液						

양 양(羊부)

한자의 유래 양의 머리 모양을 본뜬 한자입니다.

· 羊毛(양모) : 양의 털

羊羊羊羊羊羊 (총 6획)

羊	羊	羊	羊	羊	羊	羊
양 양						
羊						

무릎을 꿇어앉은 모습을 본뜬 여(女)와 입 구(口)가 합쳐진 한자로 입으로 시키는대로 복종하면서 따른다는 뜻에서 시키는 사람 의 말과 '같이' 행한다는 의미입니다.

· 如前(여전) : 전과 다름이 없음.

같을 여 (女부)

｜女女女如如如 (총6획)

如	如	如	如	如	如	如	如
같을 여							
如							

음식이 남아있다는 뜻을 결정한 식(食)과 발음을 결정한 여(余)가 합쳐졌습니다.

· 餘白(여백) : 글씨나 그림이 있는 지면에서 아무 것도 없이 비어있는 부분.

남을 여 (食부)

餘餘餘餘餘餘餘餘餘餘餘餘餘 (총16획)

餘	餘	餘	餘	餘	餘	餘	餘
남을 여							
餘							약자 余

한자의 유래 거슬러 올라가다는 진행의 뜻을 결정한 착
(辶)과 거꾸로 서 있는 사람의 모습을 본
뜬 글자가 합쳐져 '거꾸로', '반대로' 라는
뜻을 가지게 되었습니다.

· 逆行(역행) : 보통의 방향과는 반대로 감.

거스릴 **역**(辶부)   逆逆逆逆逆逆逆逆逆逆 (총10획)

逆	逆	逆	逆	逆	逆	逆
거스릴 역						
逆						

한자의 유래 뜻을 결정한 수(氵/水)와 발음을 결정한
인(寅)이 합쳐진 한자입니다.

· 演技(연기) : 관객 앞에서 연기, 노래, 춤, 곡예
따위의 재주를 나타내 보임.

펼 **연** : (氵/水부)   演演演演演演演演演演演演演演 (총14획)

演	演	演	演	演	演	演
펼 연						
演						

1. 다음 漢字語(한자어)의 讀音(독음)을 쓰세요.

1) 演技 (　　　　　)　　11) 申告 (　　　　　)

2) 逆風 (　　　　　)　　12) 休息 (　　　　　)

3) 餘地 (　　　　　)　　13) 詩人 (　　　　　)

4) 如前 (　　　　　)　　14) 試案 (　　　　　)

5) 羊毛 (　　　　　)　　15) 視線 (　　　　　)

6) 深化 (　　　　　)　　16) 收去 (　　　　　)

7) 眼科 (　　　　　)　　17) 純情 (　　　　　)

8) 暗示 (　　　　　)　　18) 傳承 (　　　　　)

9) 壓勝 (　　　　　)　　19) 施設 (　　　　　)

10) 液體 (　　　　　)　　20) 是非 (　　　　　)

2. 다음 漢字(한자)의 訓(훈)과 音(음)을 쓰세요.

1) 施 (　　　,　　　)　　6) 是 (　　　,　　　)

2) 收 (　　　,　　　)　　7) 深 (　　　,　　　)

3) 純 (　　　,　　　)　　8) 暗 (　　　,　　　)

4) 承 (　　　,　　　)　　9) 餘 (　　　,　　　)

5) 羊 (　　　,　　　)　　10) 息 (　　　,　　　)

11) 申 (,   )   16) 如 (,   )

12) 詩 (,   )   17) 逆 (,   )

13) 眼 (,   )   18) 視 (,   )

14) 液 (,   )   19) 演 (,   )

15) 壓 (,   )   20) 試 (,   )

3. 다음 밑줄 친 단어를 漢字(한자)로 쓰세요

1) 나는 <u>단순</u>한 모양의 옷이 어울린다. (   )

2) 가을이면 농부들은 <u>추수</u> 때문에 매우 바쁘다. (   )

3) 올해부터 <u>시행</u>되는 입시 제도는 매우 복잡하다. (   )

4) 이 그림은 <u>명암</u> 대비가 뚜렷하다. (   )

5) 이 고장은 <u>여타</u>지방에 비해 겨울에 매우 춥다. (   )

6) 이 거리는 여름축제기간동안 <u>심야</u>시간에도 사람들로 북적인다.

    (   )

7) 뜻밖의 반가운 <u>소식</u>에 들떴다. (   )

8) 컴퓨터를 너무 많이 하여 <u>시력</u>이 떨어졌다. (   )

9) 이 잠수함은 높은 <u>수압</u>도 견딜 수 있다. (   )

10) 이러한 생각은 시대에 <u>역행</u>하는 것이다. (   )

예상 문제

4. 다음 질문에 맞는 漢字(한자)를 보기에서 골라 번호를 쓰세요.

   (반의어, 동의어, 동음이의어, 완성형, 부수)

보기

① 收 ② 純 ③ 承 ④ 施 ⑤ 是
⑥ 視 ⑦ 試 ⑧ 詩 ⑨ 息 ⑩ 申
⑪ 深 ⑫ 眼 ⑬ 暗 ⑭ 壓 ⑮ 液
⑯ 羊 ⑰ 如 ⑱ 餘 ⑲ 逆 ⑳ 演

1) 潔과 비슷한 의미의 한자는?

2) 觀과 비슷한 의미의 한자는?

3) 設과 비슷한 의미의 한자는?

4) 非와 상대 또는 반대의 의미를 가진 한자는?

5) 明과 상대 또는 반대의 의미를 가진 한자는?

6) 他와 상대 또는 반대의 의미를 가진 한자는?

7) 勝과 音은 같으나 뜻이 다른 한자는?

8) 讀書亡(   )(책을 읽느라 양을 잃다. 즉, 다른 일에 마음이 뺏겨 중요한 일을 잊다)에 들어갈 한자는?

9) (   )下無人(눈 아래 사람이 없다. 즉, 몹시 거만하여 남을 업신여김)에 들어갈 한자는?

10) 食을 부수로 가지는 한자는?

5. 다음 뜻에 맞는 한자를 보기에서 고르시오

> 보기
>
> ① 逆風　　② 羊毛　　③ 壓勝
>
> ④ 試案　　⑤ 純情

1) 양털 (　　　　　　　)

2) 크게 이김 (　　　　　　　)

3) 시험적, 임시적으로 만든 계획이나 의견 (　　　　　　　　)

6. 다음 漢字(한자)의 略字(약자)를 쓰세요.

1) 餘 ⇨

2) 觀 ⇨

3) 廣 ⇨

兵家常事 (병가상사)

이기고 지는 일은 전쟁에서 흔히 있는 일이라는 뜻으로 한 번의 실패에 절망하지 말라는 의미로 쓰는 말입니다.

❖ 兵:병사 병, 家:집 가, 常:떳떳할 상, 事:일 사

煙 연기 연	研 갈 연	榮 영화 영
藝 재주 예	誤 그르칠 오	玉 구슬 옥
往 갈 왕	謠 노래 요	容 얼굴 용
員 인원 원	圓 둥글 원	爲 하/할 위
衛 지킬 위	肉 고기 육	恩 은혜 은
 陰 그늘 음	應 응할 응	義 옳을 의
議 의논할 의	 移 옮길 이	

한자의 유래 뜻을 결정한 불 화(火)와 발음을 결정한 인(垔)이 합쳐진 한자입니다.

· 煙氣(연기) : 물건이 탈 때 일어나는 빛깔 있는 기체.

연기 **연** (火부)

煙煙煙煙煙煙煙煙煙煙 (총 13획)

煙	煙	煙	煙	煙	煙	煙	煙
연기 연							
煙							

한자의 유래 돌을 간다는 뜻을 결정한 돌 석(石)과 발음을 결정한 견(幵)이 합쳐진 한자입니다.

· 研究(연구) : 사물을 자세히 깊이 생각하거나 조사하여 어떤 사실을 밝혀냄.

갈 **연** : (石부)

研研研石石石研研研研研 (총 11획)

研	研	研	研	研	研	研	研
갈 연							
研							약자 研

榮

영화 **영** (木부)

한자의 유래 나무 단 위로 활활 타오르는 불꽃의 모양을 본떠 불꽃처럼 영화롭다, 번영하다는 뜻을 가지고 있는 한자입니다.

· 榮光(영광) : 빛나는 영예.

榮 榮 ㄟ 榮 榮 榮 榮 榮 (총 14획)

榮	榮	榮	榮	榮	榮	榮	榮
영화 영							
榮							栄

藝

재주 **예** : (艹부)

한자의 유래 지금은 그 모습을 찾아보기 힘들지만 갑골문에서는 나무를 심고 있는 사람의 모습을 본뜬 한자로 나무를 잘 심고 가꾸는 재주를 뜻합니다.

· 藝術(예술) : 아름다움을 창조하는 인간의 모든 활동.

藝 藝 藝 藝 藝 藝 藝 藝 藝 藝 藝 藝 (총 19획)

藝	藝	藝	藝	藝	藝	藝	藝
재주 예							
藝							芸

한자의 유래 잘못된 말이란 뜻의 말씀 언(言)과 발음을
결정한 오(吳)가 합쳐진 한자입니다.

· 誤用(오용) : 잘못 씀.

그르칠 오 : (言부)   誤誤誤誤誤誤誤誤誤誤 (총 14획)

誤	誤	誤	誤	誤	誤	誤	誤
그르칠 오							
誤							

한자의 유래 여러 개의 옥이 실에 꿰어져 있는 모습을
본뜬 한자입니다.

· 玉石(옥석) : 옥과 돌, 좋은 것과 나쁜 것을 비
유하는 말.

구슬 옥 (玉부)   玉 玉 玉 玉 玉 (총 5획)

玉	玉	玉	玉	玉	玉	玉	玉
구슬 옥							
玉							

월   일 확인:

한자의 유래 사거리의 모습을 본뜬 척(彳)과 발의 모습을 본뜬 지(止)와 왕(王)이 합쳐진 한자로 왕(王)은 발음을 결정했고 지(止)는 '가다'는 뜻을 결정했습니다.

· 往來(왕래) : 가고 오고 함.

갈 왕 : (彳부)   往往往往往往往往 (총 8획)

往	往	往	往	往	往	往
갈 왕						
往						

한자의 유래 입으로 말을 한다는 뜻을 결정한 말씀 언(言)과 발음을 결정한 요(䍃)가 합쳐진 한자입니다.

· 童謠(동요) : 어린이들이 즐겨 부르는 노래.

노래 요 (言부)   謠謠謠謠謠謠謠謠謠謠謠 (총 17획)

謠	謠	謠	謠	謠	謠	謠
노래 요						
謠						

얼굴 **용** (宀부)

한자의 유래 지붕의 모양을 본뜬 집 면(宀)과 계곡의 모양을 본뜬 곡(谷)이 합쳐져 한자입니다.

· 內容(내용) : 알맹이, 사건의 내면, 말 또는 글의 줄거리.

容容容容容容容容容容 (총 10획)

容	容	容	容	容	容	容	容
얼굴 용							
容							

인원 **원** (口부)

한자의 유래 조개 패(貝)와 같은 모습을 가지고 있지만 원래는 솥의 모양을 본뜬 貝와 솥을 위에서 본 모양인 입 구(口)가 합쳐진 한자로 물건의 수효를 뜻합니다.

· 人員(인원) : 사람의 수

員員員員員員員員員員 (총 10획)

員	員	員	員	員	員	員	員
인원 원							
員							

둥글 **원** (口부)

한자의 유래 둥근 물체의 모습을 본뜬 口와 뜻과 발음을 동시에 가지고 있는 원(員)이 합쳐진 한자입니다.

· 圓形(원형) : 둥글게 생긴 모양

圓圓圓圓圓圓圓圓圓圓圓圓圓 (총 13획)

圓	圓	圓	圓	圓	圓	圓
둥글 원						
圓						

하/할 **위** (:) (爪부)

한자의 유래 사람의 지시에 따라 움직이며 일을 하는 코끼리의 모습을 본뜬 글자로 '하다. 위하다'는 뜻을 가지고 있습니다.

· 行爲(행위) : 사람이 의지를 가지고 하는 것.

爲爲爲爲爲爲爲爲爲爲爲爲 (총 12획)

爲	爲	爲	爲	爲	爲	爲
하/할 위						
爲						为

한자의 유래 큰 거리의 모양을 본뜬 행(行)과 위(韋)가 합쳐져 궁궐 등의 주위를 호위하면서 지킨다는 뜻을 가진 한자입니다.

· 衛星(위성) : 행성의 둘레를 운행하는 작은 천체.

지킬 위 (行부)　衛衛衛行衛衛衛衛衛衛衛衛衛衛衛 (총 15획)

衛	衛	衛	衛	衛	衛	衛	衛
지킬 위							
衛							

한자의 유래 짐승의 고기 조각의 형태에서 유래

· 肉食(육식) : 짐승의 고기를 먹음.

고기 육 (肉부)　肉冂內內肉肉 (총 6획)

肉	肉	肉	肉	肉	肉	肉	肉
고기 육							
肉							

월   일 확인:

한자의 유래 발음을 결정한 인(因)과 감정 상태를 결정한 마음 심(心)이 합쳐진 한자입니다.

· 恩人(은인) : 은혜를 베풀어 준 사람.

은혜 **은** (心부)

恩 冂 日 曱 因 恩 恩 恩 恩 恩 (총 10획)

恩	恩	恩	恩	恩	恩	恩
은혜 은						
恩						

한자의 유래 언덕의 모습을 본뜬 언덕 부(阝/阜), 뭉게 구름의 모습을 본뜬 운(云)과 발음을 결정한 금(今)이 합쳐져 구름이 가득 끼어 그늘 지다는 뜻을 가지게 되었습니다.

· 陰地(음지) : 그늘진 곳.

그늘 **음** (阝/阜부)

陰 陰 陰 陰 陰 陰 陰 陰 陰 陰 陰 (총 11획)

陰	陰	陰	陰	陰	陰	陰
그늘 음						
陰						

한자의 유래 마음 속으로 인정하다는 뜻을 결정한 마음 심(心)과 발음을 결정한 응(鷹)이 합쳐진 한 자입니다.

· 應急(응급) : 급한대로 우선 처리함.

應 응할 응 : (心部) 應 應 庐 庐 庐 庐 庐 庐 雁 雁 雁 雁 雁 應 應 應 (총 17획)

應	應	應	應	應	應	應
응할 응						
應						응자 応

한자의 유래 창의 모습을 본뜬 아(我)와 창 위로 화려하 게 장식한 모습인 양(羊)이 합쳐진 한자입 니다.

· 正義(정의) : 사람으로서 지켜야 할 바른 도리.

義 옳을 의 : (羊部) 義 義 義 義 義 義 義 義 義 義 義 義 義 (총 13획)

義	義	義	義	義	義	義
옳을 의						
義						

한자의 유래 의논한다는 뜻을 결정한 말씀 언(言)과 발음을 결정한 의(義)가 합쳐진 한자입니다.

· 會議(회의) : 여럿이 모여서 의논함.

의논할 **의** (:) (言부) 議議議議議議議議議議議議議議 (총 20획)

議	議	議	議	議	議	議	議
의논할 의							
議							

한자의 유래 벼의 모습을 본뜬 글자인 벼 화(禾)와 많을 다(多)가 합쳐진 한자로 익은 벼들이 바람에 흔들거리는 것이 마치 물결이 옮겨가는 것처럼 보인다는 데서 유래되었습니다.

· 移動(이동) : 움직여서 자리를 바꿈.

옮길 **이** (禾부) 移移移移移移移移移移移 (총 11획)

移	移	移	移	移	移	移	移
옮길 이							
移							

1. 다음 漢字語(한자어)의 讀音(독음)을 쓰세요.

1) 煙氣 (　　　　)　　11) 防衛 (　　　　)

2) 玉石 (　　　　)　　12) 正義 (　　　　)

3) 圓形 (　　　　)　　13) 議會 (　　　　)

4) 陰凶 (　　　　)　　14) 肉體 (　　　　)

5) 應答 (　　　　)　　15) 內容 (　　　　)

6) 爲主 (　　　　)　　16) 藝術 (　　　　)

7) 往年 (　　　　)　　17) 誤算 (　　　　)

8) 研究 (　　　　)　　18) 議員 (　　　　)

9) 榮光 (　　　　)　　19) 報恩 (　　　　)

10) 歌謠 (　　　　)　　20) 移動 (　　　　)

2. 다음 漢字(한자)의 訓(훈)과 音(음)을 쓰세요.

1) 衛 (　　,　　)　　6) 玉 (　　,　　)

2) 圓 (　　,　　)　　7) 誤 (　　,　　)

3) 研 (　　,　　)　　8) 往 (　　,　　)

4) 陰 (　　,　　)　　9) 恩 (　　,　　)

5) 容 (　　,　　)　　10) 謠 (　　,　　)

11) 員 (　　,　　) 16) 煙 (　　,　　)

12) 榮 (　　,　　) 17) 應 (　　,　　)

13) 爲 (　　,　　) 18) 藝 (　　,　　)

14) 義 (　　,　　) 19) 議 (　　,　　)

15) 肉 (　　,　　) 20) 移 (　　,　　)

3. 다음 밑줄 친 단어를 漢字(한자)로 쓰세요

1) <u>과오</u>가 발견되면 가차 없이 비판하세요. (　　　)

2) 번화한 사거리에는 사람들의 <u>왕래</u>가 빈번하였다. (　　　)

3) 어린이들이 귀엽게 <u>동요</u>를 불렀다. (　　　)

4) 저녁 9시 이후에는 외출이 <u>허용</u>되지 않는다. (　　　)

5) 큰 고모부는 <u>공무원</u>으로 일하신다. (　　　)

6) 이 형편없는 <u>위인</u>아! (　　　)

7) 소득이 증가함에 따라 <u>육류</u>소비도 증가하였다.

8) 스승의 날에 <u>은사</u>를 찾아뵈러 모교에 갔다. (　　　)

9) 그 사람은 <u>응분</u>의 대가를 받았다. (　　　)

10) 도저히 <u>신의</u>를 저버릴 수 없었다. (　　　)

4. 다음 질문에 맞는 漢字(한자)를 보기에서 골라 번호를 쓰세요.

(반의어, 동의어, 동음이의어, 완성형, 부수)

보기

① 煙　② 研　③ 榮　④ 藝　⑤ 誤
⑥ 玉　⑦ 往　⑧ 謠　⑨ 容　⑩ 員
⑪ 圓　⑫ 爲　⑬ 衛　⑭ 肉　⑮ 恩
⑯ 陰　⑰ 應　⑱ 義　⑲ 議　⑳ 移

1) 修와 비슷한 의미의 한자는?

2) 技와 비슷한 의미의 한자는?

3) 歌와 비슷한 의미의 한자는?

4) 團과 비슷한 의미의 한자는?

5) 來와 상대 또는 반대의 의미를 가진 한자는?

6) 景과 상대 또는 반대의 의미를 가진 한자는?

7) 英과 音은 같으나 뜻이 다른 한사는?

8) 不可思(　　)(사람이 생각할 수도 없는 이상한 것)에 들어갈 한자는?

9) 弱(　　)强食(약한 자는 강한 자에게 먹힌다.)에 들어갈 한자는?

10) 宀을 부수로 가지는 한자는?

5. 다음 뜻에 맞는 한자를 보기에서 고르시오

보기
① 玉石　　② 童謠　　③ 往年
④ 議會　　⑤ 恩師

1) 옥과 돌. 즉, 좋은 것과 나쁜 것 (　　　　　　　)

2) 과거, 옛날 (　　　　　　)

3) 가르침을 받은 은혜로운 스승 (　　　　　　　)

6. 다음 漢字(한자)의 略字(약자)를 쓰세요.

1) 應 ⇨

2) 榮 ⇨

3) 藝 ⇨

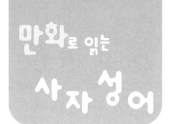

結草報恩 (결초보은)

죽어 혼령이 되어서라도 은혜를 잊지 않고 갚는다는 뜻입니다.

❖ 結:맺을 결, 草:풀 초, 報:갚을 보, 恩:은혜 은

益 더할 익	 印 도장 인	 引 끌 인
認 알 인	將 장수 장	障 막을 장
 低 낮을 저	敵 대적할 적	田 밭 전
 絶 끊을 절	接 이을 접	政 정사 정
程 한도/길 정	精 정할 정	 制 절제할 제
提 끌 제	濟 건널 제	祭 제사 제
 製 지을 제	除 덜 제	

한자의 유래 물 수(水)가 옆으로 돌아간 형태의 글자와 그릇의 모양을 본뜬 그릇 명(皿)이 합쳐진 한자입니다.

· 利益(이익) : 이롭고 도움이 되는 일.

더할 익 (皿부) 益益益益益益益益益益 (총 10획)

益	益	益	益	益	益	益	益
더할 익							
益							

한자의 유래 손톱 조(爪)가 옆으로 돌아간 형태인 글자와 사람이 무릎을 꿇어 앉은 卩이 합쳐진 한자로 손으로 머리를 누르다는 뜻입니다.

· 檢印(검인) : 검사의 표시로 찍은 도장.

도장 인 (卩부) 印印印印印印 (총 6획)

印	印	印	印	印	印	印	印
도장 인							
印							

월   일 확인:

한자의 유래 활의 모습과 풀어 놓은 활실의 모습을 본뜬 한자로 활실을 당겨 활대에 거는 모습에서 끌어 당기다는 뜻이 왔습니다.

· 引受(인수) : 넘겨 받음.

끌 인 (弓부)   弓 弓 引 引 (총 4획)

引	引	引	引	引	引	引	引
끌 인							
引							

한자의 유래 아는 것을 말로 표현한다는 뜻인 말씀 언 (言)과 발음을 결정한 인(忍)이 합쳐진 한자입니다.

· 認定(인정) : 옳다고 믿고 정함.

알 인 (言부)   認 認 認 認 認 認 認 認 (총 14획)

認	認	認	認	認	認	認
알 인						
認						

139

월   일 확인:

한자의 유래 발음을 결정한 장(爿)과 손에 고기를 들고 있는 모습을 본떠 만든 한자로 밖에서 생활하면서 싸우는 장수라는 뜻입니다.

· 將軍(장군) : 군(軍)을 통솔하는 무관.

장수 **장** (ː) (寸부)   將將將將將將將將將將將 (총 11획)

將	將	將	將	將	將	將	將
장수 장							
將							将

한자의 유래 가려진 언덕의 모습을 본뜬 언덕 부(阝/阜)와 발음을 결정한 장(章)이 합쳐진 한자입니다.

· 障壁(장벽) : 가리어 막은 벽.

막을 **장** (阝부)   障障障障障障障障障障障障障障 (총 14획)

障	障	障	障	障	障	障
막을 장						
障						

낮을 **저** : (亻/人부)

한자의 유래 신분이 낮은 사람이란 뜻을 가진 인(亻/人)과 발음을 결정한 저(氐)가 합쳐진 한자입니다.

· 低速(저속) : 느린 속도.

低低低低低低低 (총 7획)

低	低	低	低	低	低	低	低
낮을 저							
低							

대적할 **적** (攵부)

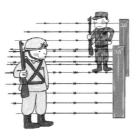

한자의 유래 발음을 결정한 적(啇)과 적과 서로 대적한다는 뜻을 결정한 칠 복(攵)이 합쳐진 한자입니다.

· 對敵(대적) : 적을 마주 대함.

敵敵敵敵敵敵敵敵敵敵敵敵敵敵敵 (총 15획)

敵	敵	敵	敵	敵	敵	敵
대적할 적						
敵						

밭 **전** (田부)

한자의 유래 개간한 밭의 모양을 본뜬 한자입니다.

· 田園(전원) : 논밭과 동산.

田 田 田 田 田 (총 5획)

田	田	田	田	田	田	田
밭 전						
田						

끊을 **절** (糸부)

한자의 유래 칼로 실을 '자르다' 는 뜻을 결정한 실 사
(糸)와 도(刀)와 발음을 결정한 절(巴)이
합쳐진 한자입니다.

· 絕交(절교) : 서로 교제를 끊음.

絕 絕 絕 糸 絕 糸 糸 絕 糸 絕 絕 絕 (총 12획)

絕	絕	絕	絕	絕	絕	絕
끊을 절						
絕						

한자의 유래 손을 마주 붙인다는 뜻을 결정한 손 수(扌/手)와 발음을 결정한 첩(妾)이 합쳐진 한자입니다.

· 接待(접대) : 손님을 맞이하여 시중을 듦.

이을 **접** (扌/手부)   接接接接接接接接接接 (총 11획)

接	接	接	接	接	接	接	接
이을 접							
接							

한자의 유래 발음을 결정한 정(正)과 손으로 막대기를 쥐고 있는 모습을 본뜬 복(攵)이 합쳐진 한자로 무기를 들고 적을 다스리다는 뜻입니다.

· 政權(정권) : 정치상의 권력.

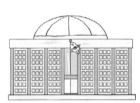

정사 **정** (攵부)   政政政政政政政政政 (총 9획)

政	政	政	政	政	政	政	政
정사 정							
政							

월   일 확인:

한자의 유래 벼의 성장 상태를 뜻하는 벼 화(禾)와 발음을 뜻하는 정(呈)이 합쳐져 분량, 표준, 정도의 뜻을 나타내는 한자입니다.

· 過程(과정) : 일이 되어 가는 경로.

한도 / 길 정 (禾부) 程程程程程程程程程程程程 (총 12획)

程	程	程	程	程	程	程	程
한도 / 길 정							
程							

한자의 유래 도정이 잘 된 살을 뜻하는 쌀 미(米)와 발음을 결정한 청(靑)이 합쳐진 한자입니다.

· 精誠(정성) : 온갖 성의를 다하는 참된 마음.

정할 정 (米부) 精精精精精精精精精精精精精精 (총 14획)

精	精	精	精	精	精	精	精
정할 정							
精							

한자의 유래 나무의 모습을 본뜬 미(未)와 칼의 모습을 본뜬 도(刂/刀)가 합쳐진 한자로 나무의 필요없는 부분을 '잘라내다' 는 뜻에서 유래되었습니다.

· 規制(규제) : 어떤 규칙을 정하여 제한함.

절제할 **제** : (刂/刀부)   制制制乍乍牛制制 (총 8획)

制	制	制	制	制	制	制
절제할 제						
制						

한자의 유래 손으로 '끌어당기다' 는 뜻을 결정한 손 수(扌/手)와 발음을 결정한 시(是)가 합쳐진 한자입니다.

· 提案(제안) : 의견을 냄.

끌 **제** (扌/手부)   提提提提提提提提揑揑提提 (총 12획)

提	提	提	提	提	提	提
끌 제						
提						

월   일 확인:

한자의 유래 '물을 건너다' 는 뜻을 가진 수(氵/水)와 발음을 결정한 제(齊)가 합쳐진 한자입니다.

· 百濟(백제) : 고구려, 신라와 함께 한국의 삼국 시대국가 중 하나.

건널 제 : (氵/水부)　濟濟濟濟濟濟濟濟濟濟濟濟濟濟濟 (총 17획)

濟	濟	濟	濟	濟	濟	濟	濟
건널 제							
濟							약자 濟

한자의 유래 고기의 모양인 육(月/肉), 손의 모습인 (又), 제단의 모습인 시(示)가 합쳐진 한자로 제단 위에 손으로 고기를 올려 놓고 제사를 지낸다는 뜻을 가졌습니다.

· 祭物(제물) : 제사에 쓰는 음식.

제사 제 : (示부)　祭祭祭祭祭祭祭祭祭祭祭 (총 11획)

祭	祭	祭	祭	祭	祭	祭	祭
제사 제							
祭							

지을 제 : (衣부)

한자의 유래 발음을 결정한 제(制)와 옷을 '짓다'는 뜻을 가진 옷 의(衣)가 합쳐진 한자입니다.

· 製藥(제약) : 약을 만듦.

製 製 製 制 制 制 制 制 製 製 製 製 製 (총 14획)

製	製	製	製	製	製	製	製
지을 제							
製							

덜 제 (阝부)

한자의 유래 계단 모양의 언덕을 본뜬 글자로 '섬돌'이란 뜻을 결정한 언덕 부(阝/阜)와 발음을 결정한 여(余)가 합쳐진 한자입니다.

· 除草(제초) : 잡초를 뽑아 없앰.

除 除 除 除 除 除 除 除 除 (총 10획)

除	除	除	除	除	除	除
덜 제						
除						

1. 다음 漢字語(한자어)의 讀音(독음)을 쓰세요.

1) 將軍 (　　　　) 　　　11) 宿敵 (　　　　)

2) 絶對 (　　　　) 　　　12) 引上 (　　　　)

3) 規制 (　　　　) 　　　13) 印度 (　　　　)

4) 除外 (　　　　) 　　　14) 最低 (　　　　)

5) 認識 (　　　　) 　　　15) 政府 (　　　　)

6) 田園 (　　　　) 　　　16) 經濟 (　　　　)

7) 精讀 (　　　　) 　　　17) 收益 (　　　　)

8) 製作 (　　　　) 　　　18) 保障 (　　　　)

9) 祝祭 (　　　　) 　　　19) 直接 (　　　　)

10) 程度 (　　　　) 　　　20) 提出 (　　　　)

2. 다음 漢字(한자)의 訓(훈)과 音(음)을 쓰세요.

1) 祭 (　　　, 　　　) 　　　6) 將 (　　　, 　　　)

2) 敵 (　　　, 　　　) 　　　7) 低 (　　　, 　　　)

3) 印 (　　　, 　　　) 　　　8) 田 (　　　, 　　　)

4) 接 (　　　, 　　　) 　　　9) 絶 (　　　, 　　　)

5) 製 (　　　, 　　　) 　　　10) 引 (　　　, 　　　)

接政程精制提濟祭製除

11) 提 (　　　　,　　　　)　　16) 程 (　　　　,　　　　)

12) 認 (　　　　,　　　　)　　17) 濟 (　　　　,　　　　)

13) 益 (　　　　,　　　　)　　18) 制 (　　　　,　　　　)

14) 政 (　　　　,　　　　)　　19) 除 (　　　　,　　　　)

15) 精 (　　　　,　　　　)　　20) 障 (　　　　,　　　　)

3. 다음 밑줄 친 단어를 漢字(한자)로 쓰세요

1) 그가 열심히 노력하였다는 사실은 인정할 수 밖에 없다. (　　　　)

2) 이익을 극대화하기 위한 여러 방법들을 제시하였다. (　　　　)

3) 오래된 기계라 고장이 잦다. (　　　　)

4) 재래시장에 저가 상품들만 있는 것이 아니었다. (　　　　)

5) 대화를 위하여 정당대표들이 모였다. (　　　　)

6) 어머니는 정성을 다하여 아이들의 안전을 빌었다. (　　　　)

7) 불합리한 제도를 개혁하기 위하여 노력하였다. (　　　　)

8) 사건을 해결하기 위해서 목격자의 제보가 필요하였다. (　　　　)

9) 이 지역에서 백제시대의 유물이 발견되었다. (　　　　)

10) 그 상점에는 좋은 제품들이 많이 전시되어있다. (　　　　)

4. 다음 질문에 맞는 漢字(한자)를 보기에서 골라 번호를 쓰세요.

　　(반의어, 동의어, 동음이의어, 완성형, 부수)

보기

① 益　② 印　③ 引　④ 認　⑤ 將
⑥ 障　⑦ 低　⑧ 敵　⑨ 田　⑩ 絶
⑪ 接　⑫ 政　⑬ 程　⑭ 精　⑮ 制
⑯ 提　⑰ 濟　⑱ 祭　⑲ 製　⑳ 除

1) 識과 비슷한 의미의 한자는?

2) 作과 비슷한 의미의 한자는?

3) 道와 비슷한 의미의 한자는?

4) 減과 상대 또는 반대의 의미를 가진 한자는?

5) 兵과 상대 또는 반대의 의미를 가진 한자는?

6) 連과 상대 또는 반대의 의미를 가진 한자는?

7) 赤과 音은 같으나 뜻이 다른 한자는?

8) 經世(　　　)民(세상을 다스리고 백성을 구제함)에 들어갈 한자는?

9) 施(　　　)改善(정치를 좋게 고침)에 들어갈 한자는?

10) 刀을 부수로 가진 한자는?

5. 다음 뜻에 맞는 한자를 보기에서 고르시오

보기
① 精讀　　② 程度　　③ 最低

④ 政黨　　⑤ 提報

1) 뜻을 이해하며 자세히 읽음 (　　　　　　　)

2) 정치적 주의, 주장이 같은 사람들이 정권을 잡기위해 조직한 단체

(　　　　　　　)

3) 정보를 제공함 (　　　　　　　)

6. 다음 漢字(한자)의 略字(약자)를 쓰세요.

1) 將 ⇨

2) 濟 ⇨

3) 團 ⇨

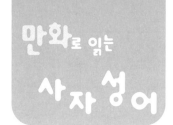

多多益善 (다다익선)

많으면 많을수록 더욱 좋다는 뜻입니다.

❖ 多 : 많을 다, 多 : 많을 다, 益 : 더할 익, 善 : 착할 선

際 즈음/가 제	助 도울 조	早 이를 조
 造 지을 조	鳥 새 조	尊 높을 존
宗 마루 종	走 달릴 주	 竹 대 죽
準 준할 준	衆 무리 중	增 더할 증
志 뜻 지	指 가리킬 지	 支 지탱할 지
至 이를 지	職 직분 직	眞 참 진
進 나아갈 진	次 버금 차	

한자의 유래 언덕 사이라는 뜻을 가진 언덕 부(阝/阜)와 발음을 결정한 제(祭)가 합쳐진 한자입니다.

· 交際(교제) : 사람과 사람이 서로 사귐.

즈음/가 제 : (阝부)   際際際際際際際際際際際際際際 (총14획)

際	際	際	際	際	際	際
즈음 / 가 제						
際						

한자의 유래 발음을 결정한 차('조'의 변화된 발음/且)와 뜻을 결정한 힘 력(力)이 합쳐진 한자입니다.

· 助手(조수) : 어떤 사람의 일을 도와주는 사람.

도울 조 : (力부)   助助助助助助助 (총7획)

助	助	助	助	助	助	助
도울 조						
助						

한자의 유래 해를 본뜬 일(日)과 갑옷의 모양인 갑(甲)의 생략형인 십(十)이 합쳐진 한자로 갑옷 위로 새벽 해가 떠오르는 모양입니다.

＊여기서 '이르다' 는 빠르다는 의미.

· 早期(조기) : 이른 시기.

이를 조 : (日부)   早 旦 旦 旦 早 早 (총 6획)

早	早	早	早	早	早	早	早
이를 조							
早							

한자의 유래 만들어 간다는 진행의 뜻을 결정한 착(辶)과 발음을 결정한 고(告)가 합쳐진 한자입니다.

· 改造(개조) : 고쳐서 다시 만듦.

지을 조 : (辶부)   造 造 告 告 告 告 告 造 造 造 (총 11획)

造	造	造	造	造	造	造
지을 조						
造						

 한자의 유래 새의 모습을 본뜬 한자입니다.

· 鳥類(조류) : 새 무리.

새 **조** (鳥부) 鳥鳥鳥鳥鳥鳥鳥鳥鳥鳥鳥 (총11획)

鳥	鳥	鳥	鳥	鳥	鳥	鳥	鳥
새 조							
鳥							

한자의 유래 술동이의 모양을 본뜬 추(酋)와 손의 모양인 마디 촌(寸)이 합쳐진 한자로 손으로 술잔을 높이 올린다는 뜻입니다.

· 尊重(존중) : 높이고 중히 여김.

높을 **존** (寸부) 尊尊尊尊尊尊尊尊尊尊尊尊 (총12획)

尊	尊	尊	尊	尊	尊	尊	尊
높을 존							
尊							

한자의 유래 지붕의 모양인 면(宀)과 신탁의 모양인 시
(示)가 합쳐진 한자로 신을 모신 집이 사람
의 집보다 높은 지위를 가진다는 뜻에서
유래되었습니다.

· 宗教(종교) : 초자연적인 것에 대한 믿음을 통해서 삶의 의
미를 찾고 생활의 문제를 해결하려는 문화체계.

마루 **종** (宀부)   宗宗宗宗宗宗宗宗 (총 8획)

宗	宗	宗	宗	宗	宗	宗	宗
마루 종							
宗							

한자의 유래 사람이 다리와 팔을 크게 벌리고 있는 모
습인 대(大)와 발 족(足)이 합쳐진 한자로
발을 크게 내디뎌 걷는다는 뜻을 결정했습
니다.

· 競走(경주) : 일정한 거리를 달려 그 빠르기를
겨루는 운동.

달릴 **주** (走부)   走走走走走走走 (총 7획)

走	走	走	走	走	走	走	走
달릴 주							
走							

대 **죽** (竹부)

한자의 유래 대나무의 이파리와 줄기의 모습을 본뜬 한
자입니다.

· 竹馬故友(죽마고우) : 대나무 말을 타고 놀던 친구
즉, 어릴 때부터 친한 친구.

竹 竹 竹 竹 竹 竹 (총 6획)

竹	竹	竹	竹	竹	竹	竹	竹
대 죽							
竹							

준할 **준** : (氵/水부)

한자의 유래 물의 높이를 재는 수준기(水準器)라는 뜻을
결정한 수(氵/水)와 발음을 결정한 준(隹)이
합쳐진 한자입니다.

· 基準(기준) : 기본이 되는 표준.

淮 淮 淮 淮 淮 淮 淮 淮 淮 準 準 (총 13획)

準	準	準	準	準	準	準	準
준할 준							
準							

무리 중 : (血부)

한자의 유래 일(日)이 변한 형태인 혈(血)과 세 개의 사람 인(人)이 합쳐진 한자로 태양 아래 여러 사람이 있는 모습을 본떠 '무리' 라는 뜻을 결정했습니다.

· 大衆(대중) : 한 사회의 대다수를 이루는 사람.

衆衆衆衆衆衆衆衆衆衆衆衆 (총 12획)

衆	衆	衆	衆	衆	衆	衆	衆
무리 중							
衆							

더할 증 (土부)

한자의 유래 흙을 더하다는 뜻을 결정한 흙 토(土)와 발음을 결정한 증(曾)이 합쳐진 한자입니다.

· 增減(증감) : 늘림과 줄임.

增增增增增增增增增增增增增 (총 15획)

增	增	增	增	增	增	增	增
더할 증							
增							

한자의 유래 갈 지(之)의 변한 형태인 사(士)는 발음을 결정했고, 심장의 모습을 본뜬 심(心)은 뜻을 결정했습니다.

· 意志(의지) : 목적이 뚜렷한 생각.

뜻 **지** (心부)

志志志志志志志 (총 7획)

志	志	志	志	志	志	志	志
뜻 지							
志							

한자의 유래 뜻을 결정한 수(扌/手)와 발음을 결정한 지(旨)가 합쳐진 한자입니다.

· 指示(지시) : 어떤 일을 시킴.

가리킬 **지** (扌/手부)

指指指指指指指指指 (총 9획)

指	指	指	指	指	指	指
가리킬 지						
指						

월   일 확인:

한자의 유래 손[又]으로 나뭇가지[十]를 쥐고 있는
모습을 본뜬 한자입니다.

· 支流(지류) : 원줄기에서 갈라져 나간 물줄기.

지탱할 **지** (支부)   支 十 支 支 (총 4획)

支	支	支	支	支	支	支	支
지탱할 지							
支							

한자의 유래 화살의 모습을 본뜬 시(矢)가 뒤집어진
형태의 한자로 화살이 땅에 이르다는 뜻을
가지고 있습니다.
＊ 여기서 '이르다' 는 다다르다, 도착하다
라는 의미.

· 至大(지대) : 더없이 큼.

이를 **지** (至부)   至 至 至 즈 주 至 (총 6획)

至	至	至	至	至	至	至	至
이를 지							
至							

한자의 유래 말을 바로 듣고 잘 판단하는 것이 '직책' 이라는 뜻을 가진 귀 이(耳)와 발음을 결정한 시(戠 : '직' 의 변화음)가 합쳐진 한자입니다.

· 職業(직업) : 생계를 위해 일상적으로 하는 일.

직분 **직** (耳부)

職 職 職 職 職 職 職 職 聀 聀 職 職 職 (총 18획)

職	職	職	職	職	職	職	職
직분 직							
職							

한자의 유래 숟가락 모습인 비(匕)와 솥의 모양인 나머지 글자로 이루어졌는데 솥 안에 음식을 '채워넣다' 는 뜻에서 텅 비어 있지 않고 '참되다' 는 뜻을 결정한 한자입니다.

· 眞實(진실) : 거짓 없이 바르고 참됨.

참 **진** (目부)

眞 眞 眞 眞 眞 眞 眞 眞 眞 眞 (총 10획)

眞	眞	眞	眞	眞	眞	眞	眞
참 진							
眞							

한자의 유래 진행의 뜻을 가진 착(辶)과 새의 모습을
본뜬 새 추(隹)가 합쳐진 것으로 새가
'날아가다' 는 뜻을 가진 한자입니다.

· 前進(전진) : 앞으로 나아감.

나아갈 진 : (辶부)   亻 亻 亻 亻 伫 伫 隹 隹 准 准 淮 進 (총 12획)

進	進	進	進	進	進	進
나아갈 진						
進						

한자의 유래 갑골문에는 사람이 입을 크게 벌리고 있는
모습의 하품 흠(欠)과 입에서 튀어나가는
침의 모습을 본뜬 한자였으나 지금은 두
번째라는 뜻으로 쓰입니다.

· 次席(차석) : '수석' 에 다음가는 성적.

버금 차 (欠부)   次 次 次 次 次 次 (총 6획)

次	次	次	次	次	次	次
버금 차						
次						

1. 다음 漢字語(한자어)의 讀音(독음)을 쓰세요.

1) 國際 (　　　)　　　　11) 競走 (　　　)

2) 共助 (　　　)　　　　12) 竹馬 (　　　)

3) 尊敬 (　　　)　　　　13) 意志 (　　　)

4) 宗敎 (　　　)　　　　14) 指示 (　　　)

5) 大衆 (　　　)　　　　15) 寫眞 (　　　)

6) 增加 (　　　)　　　　16) 進步 (　　　)

7) 至毒 (　　　)　　　　17) 白鳥 (　　　)

8) 職員 (　　　)　　　　18) 基準 (　　　)

9) 早期 (　　　)　　　　19) 支出 (　　　)

10) 製造 (　　　)　　　　20) 次例 (　　　)

2. 다음 漢字(한자)의 訓(훈)과 音(음)을 쓰세요.

1) 志 (　　 , 　　)　　　　6) 支 (　　 , 　　)

2) 早 (　　 , 　　)　　　　7) 增 (　　 , 　　)

3) 鳥 (　　 , 　　)　　　　8) 走 (　　 , 　　)

4) 職 (　　 , 　　)　　　　9) 竹 (　　 , 　　)

5) 衆 (　　 , 　　)　　　　10) 尊 (　　 , 　　)

11) 準 (,   )   16) 助 (,   )

12) 造 (,   )   17) 至 (,   )

13) 指 (,   )   18) 眞 (,   )

14) 宗 (,   )   19) 進 (,   )

15) 際 (,   )   20) 次 (,   )

3. 다음 밑줄 친 단어를 漢字(한자)로 쓰세요

1) 그 친구의 조력 덕분에 이일을 성공할 수 있었다. (   )

2) 대규모 유원지를 조성하기 위하여 발 벗고 나섰다. (   )

3) 개성을 존중하여야 창의성이 발현된다. (   )

4) 세종대왕은 훈민정음을 창제하였다. (   )

5) 2루타로 누상의 주자가 전부 홈으로 들어왔다. (   )

6) 예상보다 수준 높은 작품들이 출시되었다. (   )

7) 상품이 잘 팔리자 우리 회사는 직원을 증원하였다. (   )

8) 상품이 잘 팔리자 다른 도시에도 지점을 하나 내었다. (   )

9) 자신이 좋아하는 일을 직업으로 가지는 것은 행복이다. (   )

10) 이 일을 계기로 협상이 빠르게 진전되었다. (   )

4. 다음 질문에 맞는 漢字(한자)를 보기에서 골라 번호를 쓰세요.

（반의어, 동의어, 동음이의어, 완성형, 부수）

보기

① 際　② 助　③ 早　④ 造　⑤ 鳥

⑥ 尊　⑦ 宗　⑧ 走　⑨ 竹　⑩ 準

⑪ 衆　⑫ 增　⑬ 志　⑭ 指　⑮ 支

⑯ 至　⑰ 職　⑱ 眞　⑲ 進　⑳ 次

1) 製와 비슷한 의미의 한자는?

2) 速과 비슷한 의미의 한자는?

3) 貴와 비슷한 의미의 한자는?

4) 減과 상대 또는 반대의 의미를 가진 한자는?

5) 假와 상대 또는 반대의 의미를 가진 한자는?

6) 州과 音은 같으나 뜻이 다른 한자는?

7) 直과 音은 같으나 뜻이 다른 한자는?

8) (　　　　)馬故友(대나무 말을 타고 놀던 옛친구. 즉, 어릴 때부터의 친
구)에 들어갈 한자는?

9) 自初(　　　　)終(처음부터 끝까지 이르는 동안 또는 그 동안의 사실)
에 들어갈 한자는?

10) 氵을 부수로 가지는 한자는?

5. 다음 뜻에 맞는 한자를 보기에서 고르시오

보기
① 共助　　② 至毒　　③ 進步

④ 早期　　⑤ 增員

1) 서로 도와줌 (　　　　　　　)

2) 수준이 높아짐 (　　　　　　　)

3) 사람의 수를 늘림 (　　　　　　　)

6. 다음 漢字(한자)의 略字(약자)를 쓰세요.

1) 當 ⇨

2) 獨 ⇨

3) 勞 ⇨

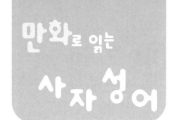

만화로 읽는 사자성어

鳥足之血 (조족지혈)

'새발의 피'라는 뜻으로 '아주 적은 분량'을 이르는 말입니다.

❖ 鳥:새 조, 足:발 족, 之:갈 지, 血:피 혈

 察 살필 찰

 創 비롯할 창

 處 곳 처

請 청할 청

 總 다 총

銃 총 총

築 쌓을 축

 蓄 모을 축

 忠 충성 충

蟲 벌레 충

取 가질 취

 測 헤아릴 측

治 다스릴 치

置 둘 치

齒 이 치

侵 침노할 침

快 쾌할 쾌

態 모습 태

統 거느릴 통

退 물러날 퇴

한자의 유래 제사를 드리는 집을 뜻하는 집 면(宀)과 손에 고기를 들고 제삿상에 올리는 모습을 본뜬 제사 제(祭)가 합쳐진 한자로 제사에 쓰이는 음식을 잘 살펴본다는 뜻입니다.

· 考察(고찰) : 사물에 대해 깊이 생각하여 살핌.

察

살필 **찰** (宀부)

察察察察察察察察察察察察察 (총 14획)

察	察	察	察	察	察	察
살필 찰						
察						

한자의 유래 발음을 결정한 창(倉)과 칼로 새로운 물건을 만든다는 뜻을 결정한 칼 도(刂/刀)가 합쳐진 한자입니다.

· 創作(창작) : 처음으로 만들어 냄.

創

비롯할 **창** : (刂/刀부)

創創創創創創創創倉倉創創 (총 12획)

創	創	創	創	創	創	創
비롯할 창						
創						

한자의 유래 발음을 결정한 호(虍)와 사람의 발 모양을
본뜬 치(夊)와 의자의 모습인인 궤(几)가
합쳐진 한자로 밖에서 활동하지 않고 집안
에 처하여 있다는 뜻에서 유래되었습니다.

· 處所(처소) : 사람이 거처하는 곳.

곳 **처** : (虍부)   處處處處處處處處處處處 (총11획)

處	處	處	處	處	處	處	處
곳 처							
處							処

한자의 유래 청한다는 뜻을 결정한 말씀 언(言)과 발음
을 결정한 청(靑)이 합쳐진 한자입니다.

· 申請(신청) : 신고하여 청함.

청할 **청** (言부)   請請請請請請請請請請請請請請請 (총15획)

請	請	請	請	請	請	請
청할 청						
請						

한자의 유래 '거느리다, 묶다, 합치다' 등의 뜻을 결정한 실 사(糸)와 발음을 결정한 총(悤)이 합쳐진 한자입니다.

· 總會(총회) : 전원의 모임.

다 **총** : (糸부)   總總總總總總絢絢總總總總總總 (총 17획)

總	總	總	總	總	總	總
다 총						
總						総

한자의 유래 쇠붙이로 만든 총이란 뜻을 결정한 금(金)과 발음을 결정한 충(充)이 합쳐진 한자입니다.

· 銃聲(총성) : 총소리.

총 총 (金부)   銃銃銃銃銃銃銃銃銃銃銃銃銃銃 (총 14획)

銃	銃	銃	銃	銃	銃	銃
총 총						
銃						

한자의 유래 발음을 결정한 축(筑)과 쌓는 재료를 뜻하는
나무 목(木)이 합쳐진 한자입니다.

· 新築(신축) : 새로 쌓음.

쌓을 **축** (竹부)

築 築 築 築 築 築 築 築 築 築 築 築 築 築 築 築 (총 16획)

築	築	築	築	築	築	築
쌓을 축						
築						

한자의 유래 풀을 쌓는다는 뜻을 결정한 풀 초(艹)와
발음을 결정한 축(畜)이 합쳐진 한자입니다.

· 貯蓄(저축) : 절약해 모아 둠.

모을 **축** (艹부)

蓄 蓄 蓄 蓄 蓄 蓄 蓄 蓄 蓄 蓄 蓄 蓄 (총 14획)

蓄	蓄	蓄	蓄	蓄	蓄	蓄
모을 축						
蓄						

한자의 유래 발음을 결정한 중(中)과 마음 속에서 우러 나오는 행동을 말하는 마음 심(心)이 합쳐진 한자입니다.

· 忠臣(충신) : 충성을 다하는 신하.

충성 **충** (心부)   忠忠忠忠忠忠忠忠 (총 8획)

忠	忠	忠	忠	忠	忠	忠	忠
충성 충							
忠							

한자의 유래 벌레의 모습을 본뜬 한자입니다.

· 害蟲(해충) : 사람이나 농작물에 해가 되는 벌레.

벌레 **충** (虫부)   蟲蟲蟲蟲蟲蟲蟲蟲 (총 18획)

蟲	蟲	蟲	蟲	蟲	蟲	蟲	蟲
벌레 충							약자
蟲							虫

한자의 유래 귀의 모습을 본뜬 귀 이(耳)와 손의 모습을 본뜬 又(우)가 합쳐진 한자로 전쟁에서 적의 귀를 잘라 죽인 적의 수를 센다는 뜻입니다.

· 取得(취득) : 자기의 것으로 함.

가질 **취** : (又부)   取取取取取取取取 (총 8획)

取	取	取	取	取	取	取	取
가질 취							
取							

한자의 유래 물의 깊이를 잰다는 뜻을 결정한 물 수(氵/水)와 발음을 결정한 즉(則)이 합쳐진 한자입니다.

· 測量(측량) : 물건의 높이 · 크기 · 위치 · 거리 · 방향 따위를 잼.

헤아릴 **측** (氵/水부)   測測測測測測測測測測測測 (총 12획)

測	測	測	測	測	測	測
헤아릴 측						
測						

다스릴 **치** (氵/水부)

한자의 유래 물을 다스린다는 뜻을 결정한 수(氵/水)와
발음을 결정한 이(台)가 합쳐진 한자입니다.

· 完治(완치) : 병을 완전히 고침.

治治治治治治治治 (총 8획)

治	治	治	治	治	治	治
다스릴 치						
治						

둘 **치** : (罒부)

한자의 유래 그물을 쳐 둔다는 뜻을 결정한 그물 망(罒)
과 발음을 결정한 직(直)이 합쳐진 한자입니다.

· 位置(위치) : 자리나 처소.

置置置置置置置置置置置置置 (총 13획)

置	置	置	置	置	置	置
둘 치						
置						

월   일 확인:

이 **치** (齒부)

한자의 유래 발음을 결정한 지(止)와 치아의 모양을 본뜬 나머지 글자로 이루어진 한자입니다.

· 齒科(치과) : 이를 전문으로 치료하고 연구하는 의학의 한 분과.

齒齒齒齒齒齒齒齒齒齒齒齒齒齒齒 (총 15획)

齒	齒	齒	齒	齒	齒	齒	齒
이 치							
齒							齒

침노할 **침** (亻/人부)

한자의 유래 사람 인(亻/人)과 빗자루의 모양인 추(帚), 손의 모습인 우(又)가 합쳐진 한자로 손에 빗자루를 든 사람이 비질을 하면서 앞으로 나아간다는 뜻에서 유래되었습니다.

· 侵水(침수) : 물이 새어 들어 옴.

侵侵侵侵侵侵侵侵侵 (총 9획)

侵	侵	侵	侵	侵	侵	侵
침노할 침						
侵						

월   일 확인:

한자의 유래 사람의 감정 상태를 나타내는 마음 심(忄/心)과 발음을 결정한 쾌(夬)가 합쳐진 한자입니다.

· 不快(불쾌) : 마음이 상쾌하지 않음.

쾌할 **쾌** (忄/心부)   快快快快快快快 (총 7획)

快	快	快	快	快	快	快	快
쾌할 쾌							
快							

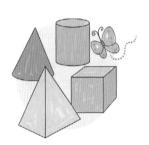

한자의 유래 곰의 모습을 본뜬 능(能)은 발음을 결정했고, 마음 상태를 나타내는 심(心)은 뜻을 결정했습니다.

· 態度(태도) : 몸을 가지는 모양이나 맵시, 속의 뜻이 드러나 보이는 겉모양

모습 **태** : (心부)   態態態態態態態態態態態態態態 (총 14획)

態	態	態	態	態	態	態	態
모습 태							
態							

한자의 유래 '실마리, 거느리다'의 뜻을 가진 사(糸)와
발음을 결정한 충(充)이 합쳐진 한자입니다.

· 統一(통일) : 나누어진 것들을 몰아 하나의 완전한
것으로 만듦.

거느릴 **통** : (糸부)   統 統 統 糸 糸 統 統 統 統 統 統 統 (총 12획)

統	統	統	統	統	統	統	統
거느릴 통							
統							

한자의 유래 진행을 뜻하는 착(辶)과 일(日)과 치(攵)가
합쳐진 한자로 '해가 저물어 돌아가다.'는
뜻을 강조한 한자입니다.

· 退治(퇴치) : 물리쳐 없앰.

물러날 **퇴** : (辶부)   退 退 退 艮 艮 艮 退 退 退 退 (총 10획)

退	退	退	退	退	退	退	退
물러날 퇴							
退							

1. 다음 漢字語(한자어)의 讀音(독음)을 쓰세요.

1) 總選 (　　　　　)　　　　11) 政治 (　　　　　)

2) 害蟲 (　　　　　)　　　　12) 態度 (　　　　　)

3) 齒科 (　　　　　)　　　　13) 創造 (　　　　　)

4) 退職 (　　　　　)　　　　14) 建築 (　　　　　)

5) 要請 (　　　　　)　　　　15) 測定 (　　　　　)

6) 忠告 (　　　　　)　　　　16) 明快 (　　　　　)

7) 設置 (　　　　　)　　　　17) 警察 (　　　　　)

8) 統合 (　　　　　)　　　　18) 銃器 (　　　　　)

9) 處罰 (　　　　　)　　　　19) 取消 (　　　　　)

10) 貯蓄 (　　　　　)　　　　20) 侵水 (　　　　　)

2. 다음 漢字(한자)의 訓(훈)과 音(음)을 쓰세요.

1) 築 (　　　　,　　　　)　　　　6) 銃 (　　　　,　　　　)

2) 統 (　　　　,　　　　)　　　　7) 侵 (　　　　,　　　　)

3) 創 (　　　　,　　　　)　　　　8) 蟲 (　　　　,　　　　)

4) 忠 (　　　　,　　　　)　　　　9) 處 (　　　　,　　　　)

5) 測 (　　　　,　　　　)　　　　10) 請 (　　　　,　　　　)

11) 總 (,   )   16) 蓄 (,   )

12) 取 (,   )   17) 快 (,   )

13) 察 (,   )   18) 態 (,   )

14) 治 (,   )   19) 退 (,   )

15) 齒 (,   )   20) 置 (,   )

3. 다음 밑줄 친 단어를 漢字(한자)로 쓰세요

1) 이빨을 잘 닦아야 <u>충치</u>가 생기지 않는다. (   )

2) 회사의 <u>창업</u> 이래 최고의 실적을 내었다. (   )

3) 그는 일 <u>처리</u>가 매우 미숙하였다. (   )

4) 이 건물은 <u>신축</u>한지 얼마 되지 않았다. (   )

5) 그녀는 자기 맡은 일에 <u>충실</u>한 사람이다. (   )

6) 그는 열심히 훈련하여 올림픽에서 금메달을 <u>쟁취</u>하였다.(   )

7) 도시가 복잡해질수록 <u>치안</u>이 불안해졌다. (   )

8) <u>방치</u>된 동물들이 보호소에 많이 있다. (   )

9) 우리나라 여자 양궁팀은 올림픽 7연패라는 <u>쾌거</u>를 이루었다.(   )

10) 우리의 소원은 <u>통일</u>   (   )

4. 다음 질문에 맞는 漢字(한자)를 보기에서 골라 번호를 쓰세요.
(반의어, 동의어, 동음이의어, 완성형, 부수)

보기

① 察　② 創　③ 處　④ 請　⑤ 總
⑥ 銃　⑦ 築　⑧ 蓄　⑨ 忠　⑩ 蟲
⑪ 取　⑫ 測　⑬ 治　⑭ 置　⑮ 齒
⑯ 侵　⑰ 快　⑱ 態　⑲ 統　⑳ 退

1) 始와 비슷한 의미의 한자는?

2) 量과 비슷한 의미의 한자는?

3) 理와 비슷한 의미의 한자는?

4) 進과 상대 또는 반대의 의미를 가진 한자는?

5) 個와 상대 또는 반대의 의미를 가진 한자는?

6) 淸과 音은 같으나 뜻이 다른 한자는?

7) 太와 音은 같으나 뜻이 다른 한자는?

8) 萬古(　　　)節(비길 데 없이 충성스러운 절개)에 들어갈 한자는?

9) 角者無(　　　)(뿔을 가진 놈은 이가 없다. 즉, 한 사람이 모든 것을 가지지는 못한다.)에 들어갈 한자는?

10) 又를 부수로 가지는 한자는?

5. 다음 뜻에 맞는 한자를 보기에서 고르시오

보기
① 害蟲　　② 貯蓄　　③ 明快
④ 爭取　　⑤ 放置

1) 내버려 둠(　　　　　　　)

2) 겨루어 싸워 얻음(　　　　　　　)

3) 아껴 써서 모아 둠(　　　　　　　)

6. 다음 漢字(한자)의 略字(약자)를 쓰세요.

1) 處 ⇨

2) 總 ⇨

3) 蟲 ⇨

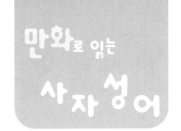

進退兩難 (진퇴양난)

이러기도 어렵고 저러기도 어려운 매우 난처한 처지에 놓여 있음을
이르는 말입니다.

❖ 進:나아갈 진, 退:물러날 퇴, 兩:두 량(양), 難:어려울 난

波 물결 파	 破 깨뜨릴 파	包 쌀 포
布 베 포/보시 보	 砲 대포 포	暴 사나울 폭/모질 포
票 표 표	豊 풍년 풍	 限 한할 한
港 항구 항	航 배 항	解 풀 해
鄕 시골 향	 香 향기 향	 虛 빌 허
驗 시험할 험	賢 어질 현	 血 피 혈
協 화할 협	惠 은혜 혜	 呼 부를 호

好
좋을 호

戶
집 호

護
도울 호

貨
재물 화

確
굳을 확

回
돌아올 회

吸
마실 흡

興
일 흥

希
바랄 희

한자의 유래 물결이란 뜻을 결정한 물 수(氵/水)와 발음을 결정한 피(皮)가 합쳐진 한자입니다.

· 世波(세파) : 모진 세상의 풍파.

물결 파 (氵/水부)   波波波波波波波波 (총 8획)

波	波	波	波	波	波	波
물결 파						
波						

한자의 유래 돌을 쪼개다는 뜻을 나타내는 돌 석(石)과 발음을 결정한 피(皮)가 합쳐진 한자입니다.

· 破格(파격) : 격식을 깸.

깨뜨릴 파 : (石부)   破破破破破破破破破破 (총 10획)

破	破	破	破	破	破	破
깨뜨릴 파						
破						

한자의 유래 사람이 몸을 구부리고 있는 모습과 발음을 결정한 포(勹), 태아의 모습을 본뜬 사(巳)가 합쳐진 한자로 뱃속에 있는 아이를 감싸고 있는 모습을 본뜬 것입니다.

· 包容(포용) : 감싸 받아들임.

쌀 포 (:) (勹부)   包 勹 勹 包 包 (총 5획)

包	包	包	包	包	包	包	包
쌀 포							
包							

한자의 유래 손의 모습을 본뜬 우(又)와 베를 펴 놓은 모습을 본뜬 건(巾)이 합쳐진 한자입니다.

· 布木(포목) : 베와 무명.

베 포(:)/보시 보:(巾부)   布 布 布 布 布 (총 5획)

布	布	布	布	布	布	布
베 포/보시 보						
布						

 돌쇠뇌의 재료라는 뜻의 돌 석(石)과 발음을 결정한 포(包)가 합쳐진 한자입니다.

· 發砲(발포) : 총이나 대포를 쏨.

대포 **포** : (石부)   砲砲砲砲砲砲砲砲砲砲 (총 10획)

砲	砲	砲	砲	砲	砲	砲	砲
대포 포							
砲							

한자의 유래 태양의 모습을 본뜬 일(日)과 두 손의 모습을 본뜬 공(共), 쌀의 모습을 본뜬 미(米)가 합쳐진 한자로 처음에는 쌀을 햇볕에 말린다는 뜻이었습니다.

· 暴利(폭리) : 부당한 방법으로 얻는 이익.

사나울 **폭**/ 모질 **포** : (日부)   暴暴暴暴暴暴暴暴暴暴暴暴暴暴暴 (총 15획)

暴	暴	暴	暴	暴	暴	暴	暴
사나울 폭/모질 포							
暴							

월   일 확인:

한자의 유래 갑골문에서 'ㅠㅠ'는 사람의 머리를 손으로 들고 있는 모습으로 발음을 결정했고 아래 시(示)는 불 화(火)의 변한 형태로 불똥이라는 뜻을 결정했습니다.

· 票決(표결) : 투표로써 결정함.

표 **표** (示부)

票票票票票票票票票票票 (총 11획)

票	票	票	票	票	票	票	票
표 표							
票							

한자의 유래 그릇[豆] 위에 풍성하게 쌓아올린 음식의 모습[曲]을 본뜬 한자입니다.

· 豊年(풍년) : 농사가 잘된 해.

풍년 **풍** (豆부)

豊豊豊豊豊豊豊豊豊豊豊豊豊 (총 13획)

豊	豊	豊	豊	豊	豊	豊	豊
풍년 풍							
豊							

한자의 유래 언덕으로 막힌 끝이란 뜻으로 언덕의 모습을 본뜬 언덕 부(阝/阜)와 발음을 결정한 간(艮)이 합쳐진 한자입니다.

· 限界(한계) : 사물의 정하여진 범위.

한할 **한** : (阝/阜부)   限限限限限限限限限 (총 9획)

限	限	限	限	限	限	限
한할 한						
限						

한자의 유래 물로 이루어진 항구라는 뜻을 결정한 물 수(氵/水)와 발음을 결정한 항(巷)이 합쳐진 한자입니다.

· 空港(공항) : 항공기가 뜨고 내릴 수 있도록 여러 가지 시설을 갖춘 곳.

항구 **항** : (氵/水부)   港港港港港港港港洪港港港 (총 12획)

港	港	港	港	港	港	港
항구 항						
港						

한자의 유래 배의 모습을 본뜬 배 주(舟)와 발음을 결정한
항(亢)이 합쳐진 한자입니다.

· 航海(항해) : 배를 타고 바다를 다님.

배 **항** : (舟부)   航 航 舟 舟 舟 舟 航 航 航 航 (총 10획)

航	航	航	航	航	航	航	航
배 항							
航							

한자의 유래 뿔의 모습을 본뜬 뿔 각(角)과 칼 도(刀)와
소 우(牛)가 합쳐진 한자로 소의 뿔을 칼로
해체하다는 뜻에서 '풀다' 라는 뜻이 결정
되었습니다.

· 解氷(해빙) : 얼음이 풀림.

풀 **해** : (角부)   解 解 解 角 角 角 角 角 解 解 解 解 解 (총 13획)

解	解	解	解	解	解	解	解
풀 해							
解							解

한자의 유래 ⻏과 ⻏은 사람이 꿇어 앉은 모습을 본뜬 글자이고 가운데 皀은 그릇에 음식을 담아 놓은 모습으로 양쪽에 무릎을 꿇은 사람이 음식을 대접하는 모습에서 유래된 한자입니다.

· 故鄕(고향) : 태어나서 자란 곳.

시골 **향** (⻏/⻏부) 鄕 鄕 鄕 鄕 鄕 鄕 鄕 鄕 鄕 鄕 鄕 鄕 鄕 (총 13획)

鄕	鄕	鄕	鄕	鄕	鄕	鄕	鄕
시골 향							
鄕							

한자의 유래 벼의 모양을 본뜬 벼 화(禾)와 입의 모습을 본뜬 일(日)이 합쳐진 한자로 입으로 곡식을 먹으니 '향기롭다' 는 뜻이 결정되었습니다.

· 香水(향수) : 향료를 알코올 따위에 풀어서 만든 액체 화장품의 한 가지.

향기 **향** (香부) 香 香 香 香 香 香 香 香 香 (총 9획)

香	香	香	香	香	香	香	香
향기 향							
香							

한자의 유래 발음을 결정한 호(虍)와 언덕의 모습을 본뜬 언덕 구(丘)가 합쳐진 한자로 언덕이 텅 비어 있다는 뜻에서 유래되었습니다.

· 虛弱(허약) : 몸이나 세력 따위가 약함.

빌 허 (虍부)

虛虛虛虛虛虛虛虛虛虛虛虛 (총 12획)

虛	虛	虛	虛	虛	虛	虛	虛
빌 허							
虛							虛

한자의 유래 뜻을 결정한 말 마(馬)와 발음을 결정한 첨(僉)이 합쳐진 한자입니다.

· 經驗(경험) : 실지로 보고 듣고 겪는 일.

시험할 험 : (馬부)

驗驗驗驗驗馬馬馬駖驗驗驗驗驗 (총 23획)

驗	驗	驗	驗	驗	驗	驗
시험할 험						
驗						

월   일   확인:

賢

어질 **현** (貝부)

한자의 유래 눈의 모습을 본뜬 신(臣)과 손의 모습을 본 뜬 우(又)가 합쳐진 한자로 능력이나 솜씨 를 뜻하는데 뒤에 조개 패(貝)가 붙어 넉넉 하다는 뜻을 가지게 되었습니다.

· 賢人(현인) : 어진 사람.

賢賢賢賢賢賢 **賢賢賢賢賢賢賢賢賢** (총 15획)

賢	賢	賢	賢	賢	賢	賢
어질 현						
賢						

血

피 **혈** (血부)

한자의 유래 그릇[皿]에 떨어지고 있는 핏방울의 모습을 본뜬 한자입니다.

· 止血(지혈) : 흘러나오는 피를 멎게 함.

血血血血血血 (총 6획)

血	血	血	血	血	血	血
피 혈						
血						

한자의 유래 '많다' 는 뜻을 결정한 열 십(十)과 여러 개의 쟁기 모습을 본뜬 력(力)이 합쳐진 한자입니다.

· 協同(협동) : 마음과 힘을 합함.

화할 **협** (十부)　　協 協 協 協 協 協 協 協 (총 8획)

協	協	協	協	協	協	協	協
화할 협							
協							

한자의 유래 물레의 모습을 본뜬 전(專)과 감정 상태를 나타내는 마음 심(心)이 합쳐진 한자로 실을 뽑는 물레는 참으로 많은 은혜를 베푼다는 뜻에서 유래되었습니다.

· 恩惠(은혜) : 자연이나 남에게서 받는 고마운 혜택.

은혜 **혜** : (心부)　　惠 惠 惠 惠 惠 惠 惠 惠 惠 惠 惠 惠 (총 12획)

惠	惠	惠	惠	惠	惠	惠	惠
은혜 혜							
惠							

한자의 유래 입으로 부른다는 뜻을 결정한 입 구(口)와
발음을 결정한 호(乎)가 합쳐진 한자입니다.

· 呼名(호명) : 이름을 부름.

부를 **호** (口부)   呼 呼 呼 呼 呼 呼 呼 呼 (총 8획)

呼	呼	呼	呼	呼	呼	呼	呼
부를 호							
呼							

한자의 유래 엄마가 아이를 안고 있는 모습을 본뜬
한자입니다.

· 好感(호감) : 좋은 감정.

좋을 **호** : (女부)   好 好 好 好 好 好 (총 6획)

好	好	好	好	好	好	好	好
좋을 호							
好							

197

한자의 유래 한 짝 문을 본뜬 한자입니다.

· 門戶(문호) : 드나드는 문. 외부와 교류하기 위한 통로, 수단.

집 **호** : (戶부)　　　戶 戶 戶 戶 (총 4획)

戶	戶	戶	戶	戶	戶	戶	戶
집 호							
戶							

한자의 유래 '돕도록 시키다. 보호하다' 는 뜻을 결정한 말씀 언(言)과 발음을 결정한 호(艹 + 隻)가 합쳐진 한자입니다.

· 保護(보호) : 잘 돌보아 지킴.

도울 **호** : (言부)　護護護護護護護護護護護護護 (총 21획)

護	護	護	護	護	護	護
도울 호						
護						

貨

재물 **화** : (貝부)

발음을 결정한 화(化)와 재물을 뜻하는
조개 패(貝)가 합쳐진 한자입니다.

· 貨物(화물) : 수송 수단으로 운송할 때의 '짐'을
이르는 말.

貨貨貨貨貨貨貨貨貨貨貨 (총 11획)

貨	貨	貨	貨	貨	貨	貨	貨
재물 화							
貨							

確

굳을 **확** (石부)

한자의 유래 '굳은 돌'이라는 뜻의 돌 석(石)과 발음을
결정한 확(寉)이 합쳐진 한자입니다.

· 正確(정확) : 바르고 확실함.

確確確確確確確確確確確確確確 (총 15획)

確	確	確	確	確	確	確	確
굳을 확							
確							

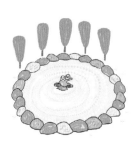

한자의 유래 회오리쳐 돌아가는 물의 모습을 본뜬 한자입니다.

· 回答(회답) : 물음에 답함.

돌아올 **회** (口부)   回 回 回 回 回 回 (총 6획)

回	回	回	回	回	回	回
돌아올 회						
回						

한자의 유래 '입으로 숨을 쉬다' 는 뜻을 결정한 입 구(口)와 발음을 결정한 급(及)이 합쳐진 한자입니다.

· 呼吸(호흡) : 숨을 내쉬고 들이마심.

마실 **흡** (口부)   吸 吸 吸 吸 吸 吸 吸 (총 7획)

吸	吸	吸	吸	吸	吸	吸
마실 흡						
吸						

한자의 유래 양손의 모습을 본뜬 구(臼)와 또다른 두 손의 모습을 본뜬 (亻)과 그릇의 모습인 범(凡)이 합쳐진 한자입니다.

· 興味(흥미) : 관심을 가지는 감정.

일 **흥** (:) (臼부)

興興興興興興興興興興興興興興興興 (총 16획)

興	興	興	興	興	興	興	興
일 흥							
興							兴

한자의 유래 천이 짜여진 모양인 효(爻)와 뜻을 결정한 건(巾 : 천을 요즘의 빨래걸이에 널어놓은 형태)이 합쳐진 한자입니다.

· 希望(희망) : 이루거나 얻고자 기대하고 바람.

바랄 **희** (巾부)

希希希希希希希 (총 7획)

希	希	希	希	希	希	希
바랄 희						
希						

1. 다음 漢字語(한자어)의 讀音(독음)을 쓰세요.

1) 實驗 (　　　　　)

2) 呼名 (　　　　　)

3) 確固 (　　　　　)

4) 回想 (　　　　　)

5) 好感 (　　　　　)

6) 聖賢 (　　　　　)

7) 貧血 (　　　　　)

8) 門戶 (　　　　　)

9) 吸收 (　　　　　)

10) 興行 (　　　　　)

11) 護身 (　　　　　)

12) 協商 (　　　　　)

13) 恩惠 (　　　　　)

14) 財貨 (　　　　　)

15) 希望 (　　　　　)

16) 波動 (　　　　　)

17) 暴力 (　　　　　)

18) 航空 (　　　　　)

19) 破格 (　　　　　)

20) 開票 (　　　　　)

21) 和解 (　　　　　)

22) 包容 (　　　　　)

23) 豊富 (　　　　　)

24) 故鄕 (　　　　　)

25) 分布 (　　　　　)

26) 無限 (　　　　　)

27) 香水 (　　　　　)

28) 砲兵 (　　　　　)

29) 空港 (　　　　　)

30) 虛弱 (　　　　　)

2. 다음 漢字(한자)의 訓(훈)과 音(음)을 쓰세요.

1) 回 (,   )   16) 好 (,   )

2) 興 (,   )   17) 賢 (,   )

3) 協 (,   )   18) 血 (,   )

4) 航 (,   )   19) 惠 (,   )

5) 呼 (,   )   20) 包 (,   )

6) 票 (,   )   21) 虛 (,   )

7) 豊 (,   )   22) 砲 (,   )

8) 限 (,   )   23) 戶 (,   )

9) 港 (,   )   24) 貨 (,   )

10) 希 (,   )   25) 香 (,   )

11) 波 (,   )   26) 鄕 (,   )

12) 驗 (,   )   27) 破 (,   )

13) 解 (,   )   28) 吸 (,   )

14) 護 (,   )   29) 布 (,   )

15) 確 (,   )   30) 暴 (,   )

3. 다음 밑줄 친 단어를 漢字(한자)로 쓰세요

1) 그 뉴스는 <u>전파</u>를 타고 세계 곳곳으로 퍼져나갔다. (　　　　　　　)

2) 선물을 <u>소포</u>로 부쳤다. (　　　　　　)

3) 사슴을 쫓아 <u>포수</u>들이 산등성이를 넘어갔다. (　　　　　)

4) 바닷가에 <u>폭풍</u>이 불어 닥쳤다. (　　　　　)

5) 우리는 <u>풍족</u>한 환경에 살고 있다. (　　　　　　)

6) 그 배는 폭풍을 뚫고 <u>항구</u>로 돌아왔다. (　　　　　)

7) 그 사람은 <u>이해</u>할 수 없는 소리를 되뇌었다. (　　　　)

8) 그 청년은 <u>혈기</u>가 왕성하였다. (　　　　　)

9) 왕은 <u>특혜</u>를 베풀어 그 사람을 살려주었다. (　　　　　)

10) 예전에는 남아<u>선호</u>사상이 팽배하였다. (　　　　　)

11) 여러 나라에서 <u>구호</u>활동을 위해 봉사자들이 입국하였다.

　　(　　　　　　)

12) 여름 세일로 <u>백화점</u> 안은 사람들로 북적거렸다. (　　　　　)

13) 법원의 판결로 그 문제는 <u>확정</u>되었다. (　　　　　)

14) 경기가 <u>회생</u>될 기미가 좀처럼 보이지 않는다. (　　　　　)

15) 그 소설에는 <u>흥미</u>를 끌만한 요소가 많았다. (　　　　　)

4. 다음 질문에 맞는 漢字(한자)를 보기에서 골라 번호를 쓰세요.

(반의어, 동의어, 동음이의어, 완성형, 부수)

보기

① 波　② 破　③ 包　④ 布　⑤ 砲
⑥ 暴　⑦ 票　⑧ 豊　⑨ 限　⑩ 港
⑪ 航　⑫ 解　⑬ 鄕　⑭ 香　⑮ 虛
⑯ 驗　⑰ 賢　⑱ 血　⑲ 協　⑳ 惠
㉑ 呼　㉒ 好　㉓ 戶　㉔ 護　㉕ 貨
㉖ 確　㉗ 回　㉘ 吸　㉙ 興　㉚ 希

1) 船과 비슷한 의미의 한자는?

2) 村과 비슷한 의미의 한자는?

3) 空과 비슷한 의미의 한자는?

4) 良과 비슷한 의미의 한자는?

5) 凶과 상대 또는 반대의 의미를 가진 한자는?

6) 害와 音은 같으나 뜻이 다른 한자는?

7) 寒과 音은 같으나 뜻이 다른 한자는?

8) 平地風(　　　　)(고요한 땅에 바람과 물결이 친다. 즉, 쓸데없이 분란을 만드는 경우)에 들어갈 한자는?

9) 鳥足之(　　　　)(새 발의 피. 즉, 극히 적은분량)에 들어갈 한자는?

10) 勹를 부수로 가지는 한자는?

5. 다음 뜻에 맞는 한자를 보기에서 고르시오

보기

① 回想　　② 好感　　③ 破格

④ 護身　　⑤ 空港

1) 지난 일을 돌이켜 생각함 (　　　　　　)

2) 좋은 감정 (　　　　　)

3) 항공 수송을 위한 공공 비행장 (　　　　　　)

6. 다음 漢字(한자)의 略字(약자)를 쓰세요.

1) 興 ⇨

2) 虛 ⇨

2) 解 ⇨

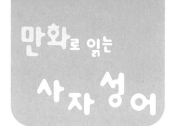

布衣之交 (포의지교)

구차하고 보잘 것 없는 선비였을 때의 사귐을 뜻합니다.

❖ 布:베 포, 衣:옷 의, 之:갈 지, 交:사귈 교

8급, 7급, 6급, 5급

상대어 · 반의어

유의어, 약자

모양이 비슷한 한자,

일자 다음어

월   일   확인:

필순에 따라 한자를 써 보세요.

月
달 월
月 - 총 4획   丿 几 月 月

· 月出(월출), 月末(월말)

火
불 화
火 - 총 4획   丶 丶 少 火

· 火山(화산), 火災(화재)

水
물 수
水 - 총 4획   丿 刀 水 水

· 水道(수도), 水軍(수군)

木
나무 목
木 - 총 4획   一 十 才 木

· 木材(목재), 木手(목수)

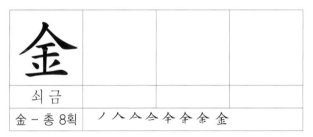

金
쇠 금
金 - 총 8획   丿 人 人 스 仝 全 余 金

· 年金(연금)

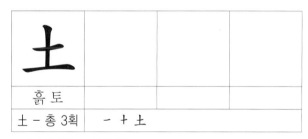

土
흙 토
土 - 총 3획   一 十 土

· 土木(토목), 土地(토지)

日
날 일
日 - 총 4획   丨 冂 日 日

· 日記(일기), 日出(일출)

小
작을 소
小 - 총 3획   丿 刂 小

상대 · 반의어 : 大(큰 대)

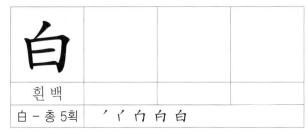

白
흰 백
白 - 총 5획   丿 亻 白 白 白

동음이의어 : 百(일백 백)

山
뫼 산
山 - 총 3획   丨 山 山

· 山林(산림), 山水(산수)

필순에 따라 한자를 써 보세요.

한 일

一 - 총 1획　一

· 一年(일년), 一生(일생)

두 이

二 - 총 2획　一 二

· 二十(이십), 二世(이세)

석 삼

一 - 총 3획　一 二 三

· 三寸(삼촌), 三國(삼국)

넉 사

口 - 총 5획　丨 冂 冂 四 四

· 四方(사방), 四寸(사촌)

다섯 오

二 - 총 4획　一 丆 五 五

· 五感(오감), 五行(오행)

여섯 륙

八 - 총 4획　丶 亠 六 六

· 五六(오륙), 六日(육일)

일곱 칠

一 - 총 2획　一 七

· 七夕(칠석)

여덟 팔

八 - 총 2획　丿 八

· 八道(팔도), 八月(팔월)

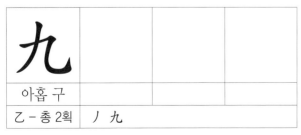

아홉 구

乙 - 총 2획　丿 九

· 九死一生(구사일생)

열 십

十 - 총 2획　一 十

· 十月(시월), 十中八九(십중팔구)

 8급 한자 복습

월   일   확인:

필순에 따라 한자를 써 보세요.

東
동녘 동
木 – 총 8획　一 丆 冂 日 自 申 東 東

· 東海(동해), 東大門(동대문)

西
서녘 서
西 – 총 6획　一 丆 丙 西 西 西

· 西洋(서양), 西山(서산)

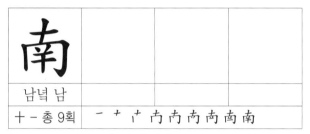

南
남녘 남
十 – 총 9획　一 十 十 南 内 内 南 南 南

상대 · 반의어 : 北(북녘 북)

北
북녘 북/달아날 배
匕 – 총 5획　丨 十 丬 才 北

상대 · 반의어 : 南(남녘 남)

大
큰 대
大 – 총 3획　一 ナ 大

상대 · 반의어 : 小(작을 소)

韓
한국/나라 한
韋 – 총 17획　一 十 古 由 吉 吉 卓 卓 幹 幹 幹 幹 韓 韓 韓

· 韓國(한국)

民
백성 민
氏 – 총 5획　コ コ ア 臣 民

· 民主(민주), 民心(민심)

國
나라 국
囗 – 총 11획　丨 冂 冂 厈 厈 同 同 戸 國 國 國

· 國民(국민), 國家(국가)

女
여자 녀
女 – 총 3획　く 女 女

· 女王(여왕), 女軍(여군)

軍
군사 군
車 – 총 9획　丶 冖 冃 冃 写 宣 宣 宣 軍

· 軍人(군인), 軍歌(군가)

211

필순에 따라 한자를 써 보세요.

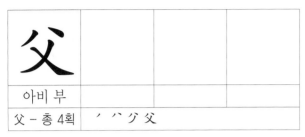

父 아비 부

父 - 총 4획   ` ` ` 父

· 父母(부모), 父子(부자)

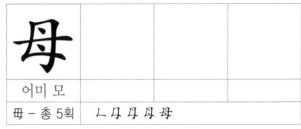

母 어미 모

毋 - 총 5획   ` ` ` ` 母

· 母女(모녀)   · 상대 · 반의어 : 父(아비 부)

兄 형 형

儿 - 총 5획   ` ` ` ` 兄

· 兄弟(형제), 兄夫(형부)

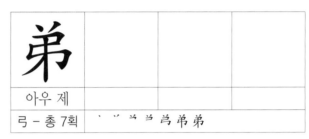

弟 아우 제

弓 - 총 7획   ` ` ` ` ` 弟弟

· 弟子(제자)   · 상대 · 반의어 : 兄(형 형)

外 바깥 외

夕 - 총 5획   ` ` ` 外 外

· 外國(외국)   · 상대 · 반의어 : 內(안 내)

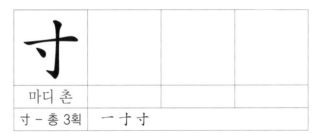

寸 마디 촌

寸 - 총 3획   一 十 寸

· 外三寸(외삼촌)

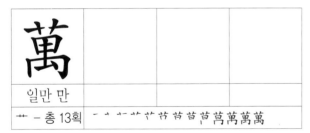

萬 일만 만

艹 - 총 13획   ` ` ` 苎 苧 苧 苩 苩 莒 萬萬萬萬

· 萬人(만인), 萬百姓(만백성)

人 사람 인

人 - 총 2획   丿 人

· 人口(인구), 人間(인간)

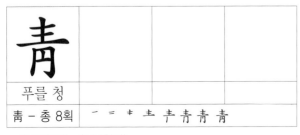

青 푸를 청

青 - 총 8획   一 二 キ 主 青 青 青 青

· 青年(청년), 青山(청산)

年 해 년

干 - 총 6획   丿 ` ` ` ` 年

· 少年(소년), 生年月日(생년월일)

필순에 따라 한자를 써 보세요.

學			
배울 학			

子 – 총 16획 `' ´ ŕ Ŕ ƒ 臼 臼 段 段 段 舆 與 學 學 學

· 學生(학생)　　　　　　　　· 상대 · 반의어 : 敎(가르칠 교)

長			
길 장			

長 – 총 8획 一 Ⅰ Ⅰ Ⅰ 드 토 토 튡

· 校長(교장), 長男(장남)

室			
집 실			

宀 – 총 9획 ` ` ` ㆍ 宀 宁 宏 宏 室 室 室

· 敎室(교실)

門			
문 문			

門 – 총 8획 Ⅰ ⎸ ⎸ ⎸ ⎸ ⎸ 門 門 門

· 大門(대문)

生			
날 생			

生 – 총 5획 ノ ㇏ ㇜ 生 生

· 生水(생수)

校			
학교 교			

木 – 총 10획 一 十 才 木 朾 杧 栌 栌 栌 校

· 學校(학교), 校長(교장)

敎			
가르칠 교			

攵(攴) – 총 11획 ノ メ ㇗ 놎 놓 놓 莠 莠 莠 莠 敎

· 敎育(교육)

中			
가운데 중			

丨 – 총 4획 丨 冂 口 中

· 中學生(중학생)

先			
먼저 선			

儿 – 총 6획 ' ㇒ 牛 生 井 先

· 先生(선생)

王			
임금 왕			

玉 – 총 4획 一 二 干 王

· 王國(왕국), 王子(왕자)

213

필순에 따라 한자를 써 보세요.

· 男子(남자)   · 동음이의어 : 南(남녘 남)

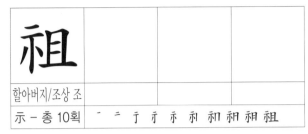

· 祖上(조상)   · 동음이의어 : 朝(아침 조)

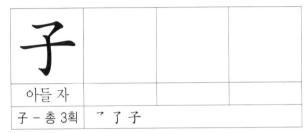

· 子女(자녀)   · 동음이의어 : 自(스스로 자)

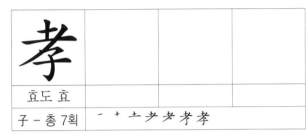

· 孝道(효도)

· 重力(중력)

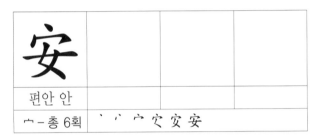

· 便安(편안)

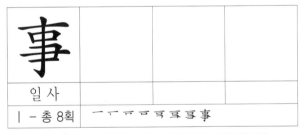

· 家事(가사)   · 동음이의어 : 四(넉 사), 死(죽을 사),

· 工夫(공부)   · 동음이의어 : 部(거느릴 부), 父(아비 부)

· 自信(자신)   · 동음이의어 : 子(아들 자), 字(글자 자)

집 가

宀 – 총 10획   ` ´ 宀 宀 宀 宀 宇 字 家 家

· 家門(가문)   · 동음이의어 : 歌(노래 가)

필순에 따라 한자를 써 보세요.

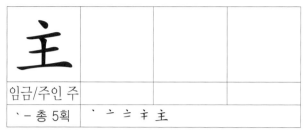

主 임금/주인 주
`ㆍ-총 5획    ` `丶 亠 二 主 主

· 主人(주인)   · 동음이의어 : 住(살 주), 注(물댈 주)

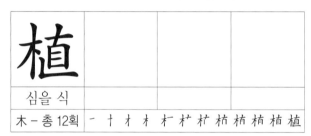

植 심을 식
木 - 총 12획   一 十 才 木 术 栌 栌 枯 植 植 植 植

· 植木日(식목일)   · 동음이의어 : 式(법 식), 食(먹을 식)

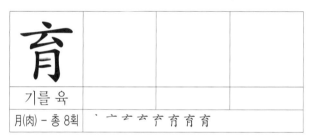

育 기를 육
月(肉) - 총 8획   ` 亠 亡 云 产 育 育 育

· 敎育(교육)

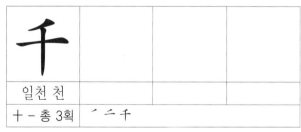

千 일천 천
十 - 총 3획   ` 二 千

· 千軍萬馬(천군만마)   · 동음이의어 : 川(내 천)

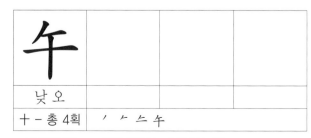

午 낮 오
十 - 총 4획   ノ 厂 二 午

· 正午(정오)   · 동음이의어 : 五(다섯 오)

夕 저녁 석
夕 - 총 3획   ノ ク 夕

· 秋夕(추석)   · 동음이의어 : 石(돌 석), 席(자리 석)

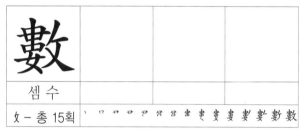

數 셈 수
攵 - 총 15획   ` 口 曰 曰 串 吕 吕 串 婁 婁 婁 數 數 數 數

· 數學(수학)   · 동음이의어 : 水(물 수), 手(손 수)

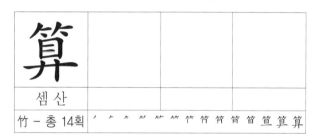

算 셈 산
竹 - 총 14획   ノ ㅅ ㅆ ㅆ 竹 竹 符 符 符 笪 笪 筲 算 算

· 算數(산수)   · 동음이의어 : 山(뫼 산)

問 물을 문
口 - 총 11획   丨 冂 冂 冂 冂 門 門 門 門 問 問

· 問答(문답)   · 동음이의어 : 文(글월 문), 門(문 문)

答 대답 답
竹 - 총 12획   ノ ㅅ ㅆ ㅆ 竹 竹 欠 欠 欠 答 答 答

· 對答(대답)   · 상대 · 반의어 : 問(물을 문)

월   일 확인: _____

필순에 따라 한자를 써 보세요.

漢			
한수/한나라 한			
氵 - 총 14획	＼＼氵氵氵氵汁汁汁洪洪漢漢漢		

· 漢字(한자)　· 동음이의어 : 韓(나라 한)

下			
아래 하			
一 - 총 3획	一 丁 下		

· 地下(지하)　· 동음이의어 : 夏(여름 하)

立			
설 립			
立 - 총 5획	＼ 丶 二 亠 立		

· 建立(건립)

平			
평평할 평			
干 - 총 5획	一 一 立 平		

· 平行(평행)

登			
오를 등			
癶 - 총 12획	丿 丆 丆 丆 癶 癶 癶 癶 登 登 登 登		

· 登山(등산)　· 동음이의어 : 等(무리 등)

里			
마을 리			
里 - 총 7획	丶 口 口 日 旦 甲 里		

· 里長(이장)　· 동음이의어 : 利(이로울 리)

邑			
고을 읍			
邑 - 총 7획	丶 口 口 吕 吕 吕 邑		

· 邑內(읍내)　· 유의어 : 洞(고을 동)

洞			
골 동			
氵 - 총 9획	丶 丶 氵 氵 沪 沪 洞 洞 洞		

· 洞口(동구)　· 동음이의어 : 東(동녘 동)

上			
윗 상			
一 - 총 3획	丨 丄 上		

· 天上天下(천상천하)　· 상대 · 반의어 : 下(아래 하)

旗			
기 기			
方 - 총 14획	丶 丶 亍 方 方 扩 扩 扩 扩 旌 旌 旌 旌 旗		

· 國旗(국기)　· 동음이의어 : 氣(기운 기), 記(기록할 기)

필순에 따라 한자를 써 보세요.

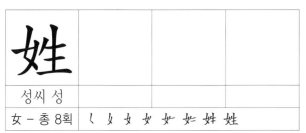

姓
성씨 성
女 - 총 8획   ㄴ ㄴ ㄠ ㄠ ㄠ女 ㄠ女 姓 姓

· 姓氏(성씨)   · 동음이의어 : 成(이룰 성), 省(살필 성)

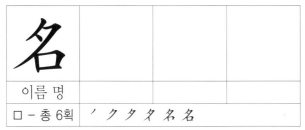

名
이름 명
口 - 총 6획   ノ ク タ タ 名 名

· 姓名(성명)   · 동음이의어 : 命(목숨 명), 明(밝을 명)

文
글월 문
文 - 총 4획   ` 一 ナ 文

· 文身(문신)   · 유의어 : 章(글 장)

語
말씀 어
言 - 총 14획   ` 一 느 言 言 言 訂 訂 語 語 語 語 語

· 國語(국어)   · 유의어 : 言(말씀 언), 話(말씀 화)

歌
노래 가
欠 - 총 14획   一 丁 〒 可 可 哥 哥 哥 歌 歌 歌

· 歌手(가수)   · 동음이의어 : 家(집 가)

字
글자 자
子 - 총 6획   ` ` 宀 宁 字 字

· 文字(문자)   · 동음이의어 : 子(아들 자)

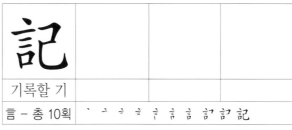

記
기록할 기
言 - 총 10획   ` ` 느 言 言 言 記 記 記

· 日記(일기)   · 동음이의어 : 旗(기 기), 氣(기운 기)

世
인간/세상 세
一 - 총 5획   一 十 卅 世 世

· 世上(세상)

全
온전할 전
入 - 총 6획   ノ 入 仝 今 全 全

· 安全(안전)   · 동음이의어 : 前(앞 전), 戰(싸움 전)

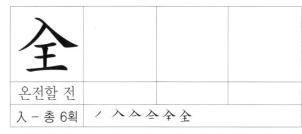

來
올 래
人 - 총 8획   一 丆 卉 扣 巫 巫 來 來

· 來日(내일)

필순에 따라 한자를 써 보세요.

하늘 천
大 - 총 4획   一 二 チ 天

· 天國(천국)   · 상대 · 반의어 : 地(땅 지)

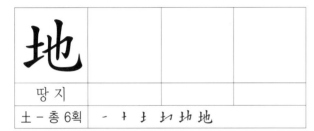

땅 지
土 - 총 6획   一 十 土 圵 地 地

· 地球(지구)   · 상대 · 반의어 : 天(하늘 천)

내 천
巛 - 총 3획   丿 刀 川

· 春川(춘천)   · 동음이의어 : 天(하늘 천), 千(일천 천)

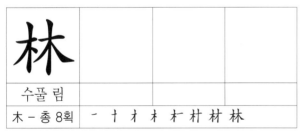

수풀 림
木 - 총 8획   一 十 才 才 木 村 材 林

· 山林(산림)

강 강
氵 - 총 6획   丶 丶 氵 氵 江 江

· 漢江(한강)   · 동음이의어 : 强(강할 강)

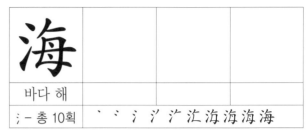

바다 해
氵 - 총 10획   丶 丶 氵 氵 沪 海 海 海 海 海

· 海洋(해양)

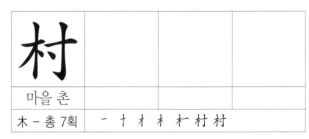

마을 촌
木 - 총 7획   一 十 才 才 木 村 村

· 江村(강촌)

풀 초
艹 - 총 10획   一 十 艹 艹 艹 芢 芢 苩 苩 草

· 水草(수초)

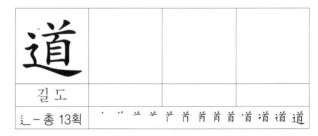

길 도
辶 - 총 13획   丶 丷 丷 丷 丷 丷 首 首 首 首 道 道 道

· 道路(도로)   · 동음이의어 : 度(법도 도), 圖(그림 도)

저자 시
巾 - 총 5획   丶 丶 亠 市 市

· 市内(시내)   · 동음이의어 : 始(비로소 시), 時(때 시)

필순에 따라 한자를 써 보세요.

工			
장인 공			

工 – 총 3획   ／ 一 丁 工

·工具(공구)   ·동음이의어 : 空(빌 공), 公(공변될 공)

場			
마당 장			

土 – 총 12획   一 十 土 圹 圹 圬 坦 坦 坦 場 場 場

·工場(공장)   ·동음이의어 : 長(길 장)

手			
손 수			

手 – 총 4획   ／ ニ 三 手

·手足(수족)   ·동음이의어 : 水(물 수), 數(셀 수)

車			
수레 거/차			

車 – 총 7획   一 ｢ 口 日 旦 亘 車

·自動車(자동차)

左			
왼 좌			

工 – 총 5획   一 ナ 左 左 左

·左右(좌우)   ·상대·반의어 : 右(오른쪽 우)

右			
오른쪽 우			

口 – 총 5획   ／ ナ 右 右 右

·左右(좌우)   ·상대·반의어 : 左(왼 좌)

直			
곧을 직			

目 – 총 8획   一 十 十 市 市 直 直 直

·直立(직립)   ·유의어 : 正(바를 정)

正			
바를 정			

止 – 총 5획   一 T F 正 正

·正門(정문)   ·동음이의어 : 定(정할 정)

動			
움직일 동			

力 – 총 11획   ／ ニ ｜ 台 台 台 旨 重 重 動 動

·運動(운동)   ·동음이의어 : 冬(겨울 동), 同(한가지 동)

命			
목숨 명			

口 – 총 8획   ／ 人 人 人 合 合 命 命

·命令(명령)   ·동음이의어 : 名(이름 명), 明(밝을 명)

필순에 따라 한자를 써 보세요.

便
똥.오줌 변/편할 편
亻- 총 9획   ﾉ ｲ ｲ ｲﾄ ｲ戸 ｲ戸 ｲ更 便 便

· 便紙(편지)

入
들 입
入 - 총 2획   ﾉ 入

· 入口(입구)   · 상대 · 반의어 : 出(날 출)

所
바 소
戸 - 총 8획   ﾂ ﾂ ﾖ 尸 尸 所 所 所

· 便所(변소)   · 동음이의어 : 小(작을 소), 消(사라질 소)

話
말씀 화
言 - 총 13획   ﾟ ﾟ ﾟ ﾖ 言 言 言 訌 訂 訂 話 話 話

· 對話(대화)   · 동음이의어 : 火(불 화), 花(꽃 화)

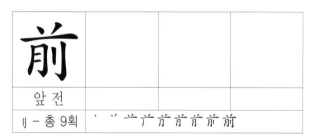

前
앞 전
刂 - 총 9획   ﾂ ﾂ 广 广 肖 肖 肖 前 前

· 前後(전후)   · 동음이의어 : 全(온전할 전), 戰(싸움 전)

心
마음 심
心 - 총 4획   ﾉ 心 心 心

· 童心(동심)   · 상대 · 반의어 : 身(몸 신)

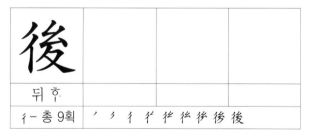

後
뒤 후
亻- 총 9획   ﾉ ﾉ ｲ ｲ ｲ ｲ 件 後 後 後

· 後門(후문)   · 상대 · 반의어 : 前(앞 전)

不
아닐 불/부
一 - 총 4획   一 ﾌ 才 不

· 不足(부족)

出
날 출
凵 - 총 5획   l ﾄ 屮 出 出

· 出入(출입)   · 상대 · 반의어 : 入(들 입)

紙
종이 지
糸 - 총 10획   ﾉ ﾞ ﾚ 幺 幺 糸 糸 紅 紙 紙

· 休紙(휴지)   · 동음이의어 : 地(땅 지)

필순에 따라 한자를 써 보세요.

少
적을/젊을 소
小 - 총 4획   亅 丿 小 少

· 多少(다소)   · 상대 · 반의어 : 多(많을 다), 老(늙을 로)

食
밥/먹을 식
食 - 총 9획   丿 𠆢 𠆢 今 今 今 飠 食 食

· 食事(식사)   · 동음이의어 : 式(법 식), 植(심을 식)

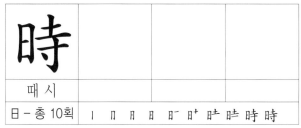

時
때 시
日 - 총 10획   丨 冂 日 日 日 日 旷 昨 時 時

· 時間(시간)   · 동음이의어 : 市(시장 시), 始(비로소 시)

活
살 활
氵 - 총 9획   丶 丶 氵 氵 汗 汗 活 活 活

· 生活(생활)   · 상대 · 반의어 : 死(죽을 사)

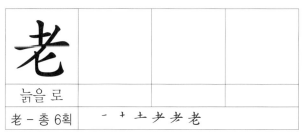

老
늙을 로
老 - 총 6획   一 十 土 耂 老 老

· 敬老(경로)   · 상대 · 반의어 : 少(젊을 소)

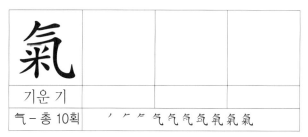

氣
기운 기
气 - 총 10획   丿 气 气 气 氕 氣 氣 氣 氣 氣

活氣(활기)   · 동음이의어 : 旗(기 기), 記(기록할 기)

口
입 구
口 - 총 3획   丨 冂 口

· 入口(입구)   · 동음이의어 : 九(아홉 구), 區(구분할 구)

面
낯 면
面 - 총 9획   一 一 丆 丙 而 而 而 面 面

· 反面(반면)

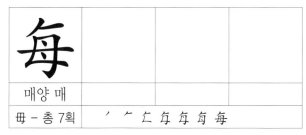

每
매양 매
母 - 총 7획   丿 一 仁 与 句 每 每

· 每年(매년)

百
일백 백
白 - 총 6획   一 一 丆 丆 百 百

· 百戰百勝(백전백승) · 동음이의어 : 白(흰 백)

필순에 따라 한자를 써 보세요.

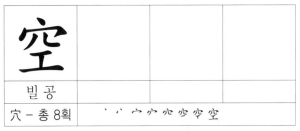

空
빌 공
穴 - 총 8획

· 空軍(공군)   · 동음이의어 : 工(장인 공), 公(공변될 공)

住
살 주
亻- 총 7획

· 住民(주민)   · 동음이의어 : 主(주인 주)

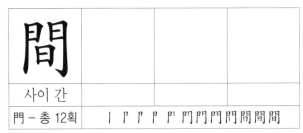

間
사이 간
門 - 총 12획

· 間食(간식)

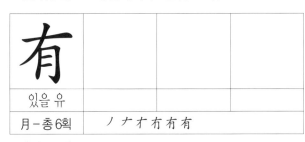

有
있을 유
月 - 총 6획

· 有名(유명)

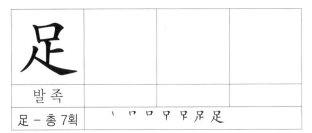

足
발 족
足 - 총 7획

· 不足(부족)   · 상대 · 반의어 : 手(손 수)

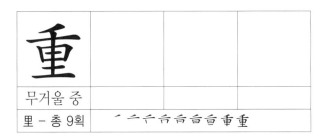

重
무거울 중
里 - 총 9획

· 重力(중력)   · 동음이의어 : 中(가운데 중)

內
안 내
入 - 총 4획

· 內衣(내의)   · 상대 · 반의어 : 外(바깥 외)

物
물건 물
牛 - 총 8획

· 動物(동물)

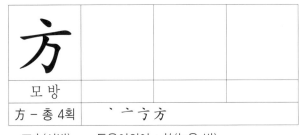

方
모 방
方 - 총 4획

· 四方(사방)   · 동음이의어 : 放(놓을 방)

同
한가지 동
口 - 총 6획

· 共同(공동)   · 동음이의어 : 冬(겨울 동)

필순에 따라 한자를 써 보세요.

春			
봄 춘			

日 – 총 9획 　一 二 三 声 夫 夫 春 春 春

· 立春(입춘)　· 상대 · 반의어 : 秋(가을 추)

然			
그럴 연			

灬 – 총 12획 　ノ ク タ タ 夕 夕 妖 妖 然 然 然 然

· 自然(자연)

夏			
여름 하			

夂 – 총 10획 　一 一 一 一 一 一 夏 夏 夏 夏

· 春夏秋冬(춘하추동)　· 상대 · 반의어 : 冬(겨울 동)

電			
번개 전			

雨 – 총 13획 　一 一 一 一 一 雨 雨 雨 雨 雪 雪 雷 電

· 電話(전화)　· 동음이의어 : 全(온전할 전), 前(앞 전)

秋			
가을 추			

禾 – 총 9획 　一 一 千 千 禾 禾 和 秒 秋

· 秋夕(추석)　· 상대 · 반의어 : 春(봄 춘)

色			
빛 색			

色 – 총 6획 　ノ ク タ 名 色 色

· 靑色(청색)

冬			
겨울 동			

冫 – 총 5획 　ノ ク タ 冬 冬

· 冬服(동복)　· 동음이의어 : 同(한가지 동), 東(동녘 동)

農			
농사 농			

辰 – 총 13획 　一 口 曰 由 曲 曲 曲 芦 芦 芦 農 農 農

· 農村(농촌)

花			
꽃 화			

艹 – 총 8획 　一 十 十 节 花 花 花 花

· 花草(화초)　· 동음이의어 : 火(불 화), 和(화합할 화)

休			
쉴 휴			

亻 – 총 6획 　ノ イ 仁 什 休 休

· 休日(휴일)

빈 칸에 한자를 써 보세요.

角 뿔 각	角				
角 – 총 7획	角度(각도)				
各 각각 각	各				
口 – 총 6획	各色(각색)				
感 느낄 감	感				
心 – 총 13획	感情(감정)				
强 강할 강	强				
弓 – 총 12획	强弱(강약)				
開 열 개	開				
門 – 총 12획	開學(개학)				
京 서울 경	京				
亠 – 총 8획	上京(상경)				
界 경계 계	界				
田 – 총 9획	世界(세계)				
計 계산할 계	計				
言 – 총 9획	計算(계산)				
高 높을 고	高				
高 – 총 10획	高速(고속)				

빈 칸에 한자를 써 보세요.

苦 쓸 고	苦					
⺾ – 총 9획	苦難(고난)					
古 옛 고	古					
口 – 총 5획	古代(고대)			상대 · 반의어 : 今(이제 금)		
公 공변될 공	公					
八 – 총 4획	公正(공정)					
功 공/일 공	功					
力 – 총 5획	成功(성공)					
共 함께 공	共					
八 – 총 6획	共用(공용)					
科 과목 과	科					
禾 – 총 9획	科目(과목)			동음이의어 : 課(공부할 과), 過(지날 과)		
果 과실 과	果					
木 – 총 8획	果樹園(과수원)					
光 빛 광	光					
ル – 총 6획	光線(광선)					
交 사귈 교	交					
亠 – 총 6획	外交(외교)					

빈 칸에 한자를 써 보세요.

球 공 구	球							
王/玉 – 총 11획	電球(전구)							
區 구역 구	區							
ㄷ – 총 11획	區分(구분)							
郡 고을 군	郡				동음이의어 : 軍(군사 군)			
ß – 총 10획	郡民(군민)							
根 뿌리 근	根							
木 – 총 10획	根本(근본)							
近 가까울 근	近				상대 · 반의어 : 遠(멀 원)			
辶 – 총 8획	近方(근방)							
今 이제 금	今				상대 · 반의어 : 古(옛 고)			
人 – 총 4획	今年(금년)							
急 급할 급	急							
心 – 총 9획	性急(성급)							
級 등급 급	級							
糸 – 총 10획	學級(학급)							
多 많을 다	多				상대 · 반의어 : 少(적을 소)			
夕 – 총 6획	多讀(다독)							

빈 칸에 한자를 써 보세요.

短 短						
짧을 단						
矢 – 총 12획 長短(장단)						
堂 堂						
집 당						
土 – 총 11획 食堂(식당)						
代 代						
대신할 대						
亻 – 총 5획 代表(대표)						
對 對						
대할 대						
寸 – 총 14획 對答(대답)						
待 待						
기다릴 대						
亻 – 총 9획 待合室(대합실)						
圖 圖						
그림 도						
囗 – 총 14획 地圖(지도)						
度 度						
법도 도/잴 탁						
广 – 총 9획 溫度(온도)						
讀 讀						
읽을 독						
言 – 총 22획 讀書(독서)						
童 童						
아이 동						
立 – 총 12획 童話(동화)						

빈 칸에 한자를 써 보세요.

頭 머리 두	頭						
頁 - 총 16획 · 先頭(선두)							
等 무리 등	等						
竹 - 총 12획 等級(등급)							
樂 즐거울 락, 음악 악, 좋아할 요	樂						
木 - 총 15획 音樂(음악)							
例 법식 례	例						
亻 - 총 8획 事例(사례)							
禮 예도 례	禮						
示 - 총 18획 禮節(예절)							
路 길 로	路						
足 - 총 13획 道路(도로)							
綠 푸를 록	綠						
糸 - 총 14획 常綠樹(상록수)							
理 다스릴 리	理						
王/玉 - 총 11획 理由(이유)							
利 이로울 리	利						
刂 - 총 7획 便利(편리)							

빈 칸에 한자를 써 보세요.

李 오얏 리	李						
木 – 총 7획	李氏(이씨)						
明 밝을 명	明						
日 – 총 8획	明堂(명당)						
目 눈 목	目						
目 – 총 5획	題目(제목)						
聞 들을 문	聞						
耳 – 총 14획	新聞(신문)		동음이의어 : 文(글월 문), 問(물을 문)				
米 쌀 미	米						
米 – 총 6획	米飮(미음)						
美 아름다울 미	美						
羊 – 총 9획	美人(미인)						
朴 성 박	朴						
木 – 총 6획	朴氏(박씨)						
反 돌이킬 반	反						
又 – 총 4획	反省(반성)						
半 반 반	半						
十 – 총 5획	過半(과반)						

월   일 확인:

빈 칸에 한자를 써 보세요.

班	班						
나눌 반							
王/玉 – 총 10획	班長(반장)						
發	發						
필 발							
癶 – 총 12획	發射(발사)						
放	放						
놓을 방							
攵 – 총 8획	開放(개방)						
番	番						
차례 번							
田 – 총 12획	番號(번호)						
別	別						
다를 별							
刂 – 총 7획	區別(구별)						
病	病						
병 병							
疒 – 총 10획	病院(병원)						
服	服						
옷 복							
月 – 총 8획	洋服(양복)						
本	本						
근본 본							
木 – 총 5획	本土(본토)						
部	部						
거느릴 부							
阝/邑 – 총 11획	一部(일부)						

빈 칸에 한자를 써 보세요.

分 나눌 분 刀 – 총 4획	分 區分(구분)						
社 모일 사 示 – 총 8획	社 會社(회사)						
使 부릴 사 亻/人– 총 8획	使 使用(사용)						
死 죽을 사 死 – 총 6획	死 九死一生(구사일생)			상대 · 반의어 : 活(살 활), 生(날 생)			
書 책 / 글 서 日 – 총 10획	書 ·書店(서점)			소리가 같은 · 西(서녘 서)			
石 돌 석 石 – 총 5획	石 ·石油(석유)						
席 자리 석 巾 – 총 10획	席 參席(참석)						
線 선 선 糸 – 총 15획	線 曲線(곡선)						
雪 눈 설 雨 – 총 11획	雪 雪花(설화)						

월　　일 확인:

빈 칸에 한자를 써 보세요.

成 이룰 성	成						
戈 – 총 6획　成功(성공)							
省 살필 성/ 덜 생	省						
目 – 총 9획　自省(자성)							
消 사라질 소	消						
氵/水– 총 10획　消火(소화)							
速 빠를 속	速						
辶 – 총 11획　速度(속도), 高速(고속)							
孫 손자 손	孫						
子 – 총 10획　孫子(손자)				상대·반의어 : 祖(할아버지 조)			
樹 나무 수	樹						
木 – 총 16획　植樹(식수)							
術 재주 술	術						
行 – 총 11획　美術(미술)							
習 익힐 습	習						
羽 – 총 11획　鍊習(연습)							
勝 이길 승	勝						
力 – 총 12획　勝利(승리), 百戰百勝(백전백승)							

6급 한자 복습

빈 칸에 한자를 써 보세요.

始 비로소 시	始					
女 - 총 8획	原始人(원시인)					
式 법 식	式					
弋 - 총 6획	禮式(예식)					
信 믿을 신	信					
亻/人- 총 9획	書信(서신)					
身 몸 신	身					
身 - 총 7획	身長(신장), 身體(신체)					
新 새로울 신	新					
斤 - 총 13획	新入(신입)					
神 신 신	神					
示 - 총 10획	神童(신동)					
失 잃을 실	失					
大 - 총 5획	失手(실수)			동음이의어 : 實(열매 실), 室(집 실)		
愛 사랑 애	愛					
心 - 총 13획	愛國(애국), 愛情(애정)					
野 들 야	野					
里 - 총 11획	野山(야산), 野球(야구)					

빈 칸에 한자를 써 보세요.

夜 밤 야	夜				상대 · 반의어 : **晝**(낮 주)
夕 – 총 8획	夜間(야간)				
弱 약할 약	弱				상대 · 반의어 : **强**(강할 강)
弓 – 총 10획	弱小國(약소국)				
藥 약 약	藥				동음이의어 : **約**(맺을 약)
++ – 총 19획	藥局(약국), 藥草(약초)				
洋 큰바다 양	洋				
氵/水– 총 9획	西洋(서양)				
陽 볕 양	陽				
阝– 총 11획	夕陽(석양), 陽地(양지)				
言 말씀 언	言				
言 – 총 7획	言行(언행)				
業 일 업	業				
木 – 총 13획	事業(사업)				
英 꽃부리 영	英				
++ – 총 9획	英才(영재)				
永 길 영	永				
水 – 총 5획	永遠(영원)				

빈 칸에 한자를 써 보세요.

溫 따뜻할 온	溫						
氵/水 – 총 13획	溫水(온수), 溫度(온도)						
勇 용감할 용	勇						
力 – 총 9획	勇氣(용기)						
用 쓸 용	用						
用 – 총 5획	所用(소용)						
運 움직일 운	運						
辶 – 총 13획	幸運(행운)						
園 동산 원	園						
口 – 총 13획	庭園(정원) · 公園(공원)						
遠 멀 원	遠					반의어 : 近(가까울 근)	
辶 – 총 14획	遠大(원대)						
由 말미암을 유	由					동음이의어 : 有(있을 유), 油(기름 유)	
田 – 총 5획	理由(이유) · 由來(유래)						
油 기름 유	油						
氵/水 – 총 8획	注油所(주유소)						
銀 은 은	銀						
金 – 총 14획	銀行(은행)						

월   일 확인:

빈 칸에 한자를 써 보세요.

音 音						
소리 음						
音 – 총 9획	高音(고음) · 讀音(독음)					
飮 飮						
마실 음						
食 – 총 13획	飮食(음식)					
意 意						
뜻 의						
心 – 총 13획	意志(의지) · 合意(합의)					
醫 醫						
의원 의						
酉 – 총 18획	醫學(의학)			동음이의어 : 意(뜻 의), 衣(옷 의)		
衣 衣						
옷 의						
衣 – 총 6획	衣服(의복)					
者 者						
놈 자						
老 – 총 9획	記者(기자)			동음이의어 : 子(아들 자), 自(스스로 자)		
昨 昨						
어제 작						
日 – 총 9획	昨年(작년)					
作 作						
지을 작						
人 – 총 7획	作家(작가)			동음이의어 : 昨(어제 작)		
章 章						
글 장						
立 – 총 11획	圖章(도장)			동음이의어 : 長(길 장), 場(마당 장)		

빈 칸에 한자를 써 보세요.

才 재주 재	才					
才 - 총 3획	天才(천재)					
在 있을 재	在			동음이의어 : 才(재주 재)		
土 - 총 6획	現在(현재) · 在學(재학)					
戰 싸울 전	戰					
戈- 총 16획	作戰(작전)					
庭 뜰 정	庭			동음이의어 : 正(바를 정), 定(정할 정)		
广 - 총 10획	校庭(교정)					
定 정할 정	定					
宀 - 총 8획	安定(안정)					
第 차례 제	第					
⺮ - 총 11획	第一(제일)					
題 제목 제	題			동음이의어 : 弟(아우 제), 第(차례 제)		
頁 - 총 18획	主題(주제)					
朝 아침 조	朝			상대 · 반의어 : 夕(저녁 석)		
月 - 총 12획	朝夕(조석)					
族 겨레 족	族			동음이의어 : 足(발 족)		
方 - 총 11획	家族(가족)					

빈 칸에 한자를 써 보세요.

注 물댈 주 水 - 총 8획	注 注目(주목)					동음이의어 : 主(주인 주), 住(살 주), 晝(낮 주)	
晝 낮 주 日 - 총 11획	晝 晝間(주간)					상대·반의어 : 夜(밤 야)	
集 모일 집 隹 - 총 12획	集 集會(집회)						
窓 창 창 穴 - 총 11획	窓 窓口(창구)						
淸 맑을 청 水 - 총 11획	淸 淸明(청명)						
體 몸 체 骨 - 총 23획	體 體育(체육)						
親 친할 친 見 - 총 16획	親 親舊(친구)·親庭(친정)						
太 클 태 大 - 총 4획	太 太陽(태양)						
通 통할 통 辶 - 총 11획	通 通話(통화)·通路(통로)						

238

빈 칸에 한자를 써 보세요.

特 특별할 특 牛 – 총 10획	特 特別(특별)						
表 겉 표 衣 – 총 8획	表 表示(표시) · 表面(표면)						
風 바람 풍 風 – 총 9획	風 風車(풍차) · 風聞(풍문)						
合 합할 합 口 – 총 6획	合 合計(합계)						
幸 다행 행 于 – 총 8획	幸 多幸(다행) · 不幸(불행)						
行 행할 행 行 – 총 6획	行 行動(행동) · 行軍(행군)						
向 향할 향 口 – 총 6획	向 方向(방향) · 向學(향학)						
現 이제/나타날 현 王/玉 – 총 11획	現 現在(현재)						
形 드러날 형 彡 – 총 7획	形 形體(형체) · 形式(형식)	동음이의어 : 兄(형 형)					

빈 칸에 한자를 써 보세요.

號 부를 호	號						
虍 - 총 13획	國號(국호)						
和 화합할 화	和						
口 - 총 8획	調和(조화)·和答(화답)			도움이익어 : 火(불 화), 花(꽃 화), 畵(그림 화)			
畵 그림 화	畵						
田 - 총 14획	畵家(화가)						
黃 누를 황	黃						
黃 - 총 12획	黃金(황금)						
會 모일 회	會						
日 - 총 13획	會話(회화)						
訓 가르칠 훈	訓						
言 - 총 10획	訓長(훈장)·訓育(훈육)						

빈 칸에 한자를 써 보세요.

價 값 가	價					
イ/人 – 총 15획	定價(정가), 價格(가격)					
可 옳을 가	可					
口 – 총 5획	可能(가능), 可決(가결)					
加 더할 가	加					
カ – 총 5획	加算(가산), 加重(가중)					
改 고칠 개	改					
攵 – 총 7획	改善(개선)		동음이의어 : 開(열 개)			
客 손 객	客					
宀 – 총 9획	客席(객석), 客車(객차)		상대·반의어 : 主(주인 주)			
擧 들 거	擧					
手 – 총 18획	擧動(거동), 擧事(거사)		동음이의어 : 車(수레 거)			
去 갈 거	去					
厶 – 총 5획	過去(과거), 去來(거래)		상대·반의어 : 來(올 래)			
建 세울 건	建					
廴 – 총 9획	建國(건국), 建設(건설)		동음이의어 : 件(물건 건), 健(굳셀 건)			
件 물건 건	件					
イ/人 – 총 6획	物件(물건), 事件(사건)					

빈 칸에 한자를 써 보세요.

健 健								
굳셀 건								
亻/人 – 총 11획	健全(건전)							
格 格								
격식 격								
木 – 총 10획	格言(격언), 合格(합격)							
見 見								
볼 견								
見 – 총 7획	見學(견학), 見聞(견문)			유의어 : 觀(볼 관), 示(보일 시)					
決 決								
결단할 결								
氵/水 – 총 7획	決定(결정), 決心(결심)							
結 結								
맺을 결								
糸 – 총 12획	結果(결과), 結末(결말)							
敬 敬								
공경 경								
攵 – 총 13획	敬老(경로), 敬禮(경례)							
景 景								
볕 경								
日 – 총 12획	景觀(경관)							
輕 輕								
가벼울 경								
車 – 총 14획	輕重(경중), 輕動(경동)			상대 · 반의어 : 重(무거울 중)					
競 競								
다툴 경								
立 – 총 20획	競技(경기)			유의어 : 爭(다툴 쟁), 戰(싸움 전)					

빈 칸에 한자를 써 보세요.

告	告					
고할 고						
口 – 총 7획	廣告(광고), 告發(고발)					
考	考					
생각할 고						
老– 총 6획	思考(사고), 再考(재고)		유의어 : 思(생각 사)			
固	固					
굳을 고						
口– 총 10획	固定(고정), 固有(고유)					
曲	曲					
굽을 곡						
日 – 총 6획	曲調(곡조), 作曲(작곡)					
課	課					
공부할/과정 과						
言 – 총 15획	日課(일과), 課長(과장)		동음이의어 : 科(과목 과), 果(실과 과)			
過	過					
지날/허물 과						
辶 – 총 13획	過去(과거), 過失(과실)		유의어 : 去(갈 거), 失(잃을 실)			
關	關					
관계할 관						
門– 총 19획	關係(관계), 關門(관문)					
觀	觀					
볼 관						
見 – 총 25획	觀客(관객), 觀念(관념)					
廣	廣					
넓을 광						
广 – 총 15획	廣場(광장), 廣告(광고)		동음이의어 : 光(빛 광)			

빈 칸에 한자를 써 보세요.

橋 다리 교	橋						
木 – 총 16획	陸橋(육교)			동음이의어 : 交(사귈 교), 校(학교 교)			
舊 예 구	舊						
臼 – 총 18획	親舊(친구), 舊式(구식)			유의어 : 古(옛 고)			
具 갖출 구	具						
八부 – 총 8획	道具(도구), 家具(가구)						
救 구원할 구	救						
攵 – 총 11획	救命(구명), 救國(구국)						
局 판 국	局						
尸 – 총 7획	局面(국면), 局地(국지)			동음이의어 : 國(나라 국)			
貴 귀할 귀	貴						
貝 – 총 9획	貴下(귀하), 貴重(귀중)						
規 법 규	規						
見 – 총 11획	規格(규격), 規約(규약)			유의어 : 法(법 법), 則(법칙 칙), 式(법 식)			
給 줄 급	給						
糸 – 총 12획	給食(급식), 月給(월급)						
己 몸 기	己						
己 – 총 16획	自己(자기), 己未(기미)						

빈 칸에 한자를 써 보세요.

基 터 기	基							
土 – 총 11획	基本(기본), 基金(기금)							
技 재주 기	技					유의어 : 術(재주 술)		
手 – 총 7획	特技(특기), 球技(구기)							
汽 물끓는 김 기	汽							
氵/水 – 총 7획	汽船(기선), 汽車(기차)							
期 기약할 기	期							
月 – 총 12획	期間(기간), 期約(기약)							
吉 길할 길	吉					상대·반의어 : 凶(흉할 흉)		
口 – 총 6획	吉日(길일)							
念 생각 념	念							
心 – 총 8획	觀念(관념), 通念(통념)							
能 능할 능	能							
月/肉 – 총 10획	能力(능력), 不能(불능)							
團 둥글 단	團							
口 – 총 14획	團結(단결), 集團(집단)							
壇 단 단	壇							
土 – 총 16획	壇上(단상), 花壇(화단)							

빈 칸에 한자를 써 보세요.

談	談				
말씀 담					
言 - 총 15획	面談(면담), 談話(담화)			유의어 : 語(말씀 어), 話(말씀 화), 說(말씀 설)	
當	當				
마땅 당					
田 - 총 13획	當然(당연), 當身(당신)			상대·반의어 : 落(떨어질 락)	
德	德				
큰 덕					
彳 - 총 15획	德談(덕담), 道德(도덕)				
到	到				
이를 도					
刂/刀 - 총 8획	到着(도착), 到來(도래)			유의어 : 着(붙을 착)	
島	島				
섬 도					
山 - 총 10획	島民(도민), 半島(반도)				
都	都				
도읍 도					
阝/邑 - 총 12획	都市(도시), 都邑(도읍)				
獨	獨				
홀로 독					
犭/犬 - 총 16획	獨子(독자), 獨立(독립)				
落	落				
떨어질 락					
艹 - 총 13획	落下(낙하), 落心(낙심)				
朗	朗				
밝을 랑					
月 - 총 11획	明朗(명랑), 朗讀(낭독)				

빈 칸에 한자를 써 보세요.

冷	冷						
찰 랭							
冫/氷 - 총 7획	冷情(냉정), 冷水(냉수)			상대 · 반의어 : 熱(더울 열), 溫(따뜻할 온)			
良	良						
어질 량							
艮 - 총 7획	善良(선량)						
量	量						
헤아릴 량							
里 - 총 12획	分量(분량), 計量(계량)			유의어 : 料(헤아릴 료)			
旅	旅						
나그네 려							
方 - 총 10획	旅行(여행), 旅客(여객)						
歷	歷						
지날 력							
止 - 총 16획	歷史(역사), 歷代(역대)						
練	練						
익힐 련							
糸 - 총 15획	鍊習(연습), 訓鍊(훈련)			유의어 : 習(익힐 습)			
領	領						
거느릴 령							
頁 - 총 14획	領空(영공), 領海(영해)			동음이의어 : 令(하여금 령)			
令	令						
하여금 령							
亻/人 - 총 5획	命令(명령)						
勞	勞						
일할 로							
力 - 총 12획	勞力(노력), 勞苦(노고)			상대 · 반의어 : 使(부릴 사)			

빈 칸에 한자를 써 보세요.

料 헤아릴 료	料					
斗 – 총 10획	料金(요금), 料理(요리)					
類 무리 류	類					
頁 – 총 19획	部類(부류), 人類(인류)					
流 흐를 류	流					
氵/水 – 총 10획	流行(유행), 流水(유수)					
陸 뭍 륙	陸					
阝/阜 – 총 10획	陸地(육지), 陸軍(육군)			상대·반의어 : 海(바다 해)		
馬 말 마	馬					
馬 – 총 5획	馬夫(마부), 競馬(경마)					
末 끝 말	末					
木 – 총 5획	年末(연말)			유의어 : 終(마칠 종), 卒(마칠 졸)		
望 바랄 망	望					
月 – 총 11획	望月(망월), 所望(소망)					
亡 망할 망	亡					
亠 – 총 3획	死亡(사망), 亡命(망명)					
賣 팔 매	賣					
貝 – 총 15획	賣買(매매), 賣國(매국)			상대·반의어 : 買(살 매)		

빈 칸에 한자를 써 보세요.

買 살 매	買					
貝 - 총 12획	買入(매입)			상대 · 반의어 : **賣(팔 매)**		
無 없을 무	無					
灬/火 - 총 12획	無形(무형), 無能(무능)			상대 · 반의어 : **有(있을 유)**		
倍 곱 배	倍					
亻/人 - 총 10획	倍加(배가), 倍數(배수)					
法 법 법	法					
氵/水 - 총 8획	無法(무법), 法院(법원)			유의어 : **規(법 규), 則(법칙 칙), 式(법 식)**		
變 변할 변	變					
言 - 총 23획	變動(변동), 變色(변색)					
兵 병사 병	兵					
八 - 총 7획	兵法(병법), 兵士(병사)			유의어 : **卒(병사/마칠 졸)**		
福 복 복	福					
示 - 총 14획	福音(복음), 福利(복리)					
奉 받들 봉	奉					
大 - 총 8획	信俸(신봉)					
比 견줄 비	比					
比 - 총 4획	對比(대비)					

249

월   일 확인:

빈 칸에 한자를 써 보세요.

鼻 코 비	鼻						
鼻 – 총 14획	鼻音(비음)						
費 쓸 비	費						
貝 – 총 12획	費用(비용), 消費(소비)						
氷 얼음 빙	氷						
水 – 총 5획	氷河(빙하), 氷山(빙산)						
仕 섬길 사	仕			비슷한 모양의 한자 : 任(맡길 임)			
亻/人 – 총 5획	奉仕(봉사), 出仕(출사)						
士 선비 사	士			비슷한 모양의 한자 : 土(흙 토)			
士 – 총 3획	名士(명사), 士林(사림)						
史 사기 사	史						
口 – 총 5획	史書(사서), 史記(사기)						
思 생각 사	思						
心 – 총 9획	思考(사고), 意思(의사)						
寫 베낄 사	寫						
宀 – 총 9획	寫本(사본), 筆寫(필사)						
査 조사할 사	査						
木 – 총 15획	調査(조사), 內査(내사)						

월   일   확인:

빈 칸에 한자를 써 보세요.

産 낳을 산	産					
生 – 총 11획	産母(산모), 産後(산후)		유의어 : 生(날 생)			
相 서로 상	相					
目 – 총 9획	相對(상대)					
商 장사 상	商					
口 – 총 11획	商業(상업), 商高(상고)					
賞 상줄 상	賞					
貝 – 총 15획	賞金(상금), 入賞(입상)					
序 차례 서	序					
广 – 총 7획	序文(서문), 順序(순서)		유의어 : 第(차례 제)			
仙 신선 선	仙					
亻/人 – 총 5획	神仙(신선), 仙女(선녀)					
鮮 고울 선	鮮					
魚 – 총 17획	生鮮(생선), 新鮮(신선)					
善 착할 선	善					
口 – 총 12획	善行(선행), 親善(친선)		상대 · 반의어 : 惡(악할 악)			
船 배 선	船					
舟 – 총 11획	船主(선주), 船長(선장)					

251

월   일 확인: _____

빈 칸에 한자를 써 보세요.

選 가릴 선	選				
辶 – 총 16획	選出(선출), 選擧(선거)				
說 말씀 설/달랠 세/기쁠 열	說				
言 – 총 14획	說明(설명)		유의어 : 話(말씀 화), 談(말씀 담), 語(말씀 어)		
性 성품 성	性				
忄/心 – 총 8획	性格(성격), 天性(천성)				
歲 해 세	歲				
止 – 총 13획	歲月(세월), 年歲(연세)		유의어 : 年(해 년)		
洗 씻을 세	洗				
氵/水 – 총 9획	洗面(세면)				
束 묶을 속	束				
木 – 총 7획	束手(속수)				
首 머리 수	首				
首 – 총 9획	首相(수상), 首都(수도)		유의어 : 頭(머리 두)		
宿 잘 숙/별자리 수	宿				
宀 – 총 11획	宿所(숙소), 宿命(숙명)				
順 순할 순	順				
頁 – 총 12획	順理(순리), 順序(순서)				

빈 칸에 한자를 써 보세요.

示	示			
보일 시				
示 - 총 5획	告示(고시), 訓示(훈시)		유의어 : 見(볼 견)	
識	識			
알 식/가르칠 지				
言 - 총 19획	有識(유식), 識別(식별)		유의어 : 知(알 지)	
臣	臣			
신하 신				
臣 - 총 6획	臣下(신하), 功臣(공신)			
實	實			
열매 실				
宀 - 총 14획	果實(과실), 實名(실명)		유의어 : 果(실과 과)	
兒	兒			
아이 아				
儿 - 총 8획	兒童(아동), 小兒(소아)		유의어 : 童(아이 동)	
惡	惡			
악할 악/미워할 오				
心 - 총 12획	善惡(선악)		상대 · 반의어 : 善(착할 선)	
案	案			
책상 안				
木 - 총 10획	案件(안건), 考案(고안)		동음이의어 : 安(편안할 안)	
約	約			
맺을 약				
糸 - 총 9획	約束(약속), 約定(약정)		동음이의어 : 弱(약할 약), 藥(약 약)	
養	養			
기를 양				
食 - 총 15획	養育(양육), 養子(양자)		유의어 : 育(기를 육)	

월   일 확인:

빈 칸에 한자를 써 보세요.

魚 고기/물고기 어	魚						
魚 – 총 11획	魚物(어물), 魚類(어류)		동음이의 : 語(말씀 어)				
漁 고기잡을 어	漁						
氵/水 – 총 14획	漁夫(어부), 漁場(어장)						
億 억 억	億						
亻/人 – 총 15획	億年(억년)						
熱 더울 열	熱						
灬/火 – 총 15획	熱望(열망), 熱氣(열기)		상대 · 반의어 : 寒(찰 한), 冷(찰 랭)				
葉 잎 엽	葉						
艹 – 총 13획	落葉(낙엽), 中葉(중엽)						
屋 집 옥	屋						
尸 – 총 9획	屋上(옥상), 家屋(가옥)		유의어 : 家(집 가), 室(집 실). 宅(집 택/댁)				
完 완전할 완	完						
宀 – 총 7획	完決(완결), 完全(완전)		유의어 : 全(온전 전)				
要 요긴할 요	要						
襾 – 총 9획	重要(중요), 要件(요건)						
曜 빛날 요	曜						
日 – 총 18획	曜日(요일), 日曜日(일요일)						

빈 칸에 한자를 써 보세요.

浴	浴							
목욕할 욕								
氵/水 – 총 10획	浴室(욕실), 溫浴(온욕)							
雨	雨							
비 우								
雨 – 총 8획	雨期(우기), 雨衣(우의)							
友	友							
벗 우								
又 – 총 4획	友情(우정), 交友(교우)							
牛	牛							
소 우								
牛 – 총 4획	牛車(우차), 牛馬(우마)			비슷한 모양의 한자 : 午(낮 오)				
雲	雲							
구름 운								
雨 – 총 12획	雲集(운집), 雲海(운해)							
雄	雄							
수컷 웅								
隹 – 총 12획	雄大(웅대), 英雄(영웅)							
元	元							
으뜸 원								
儿 – 총 4획	元氣(원기), 元首(원수)			동음이의어 : 園(동산 원)				
願	願							
원할 원								
頁 – 총 19획	願書(원서), 念願(염원)							
原	原							
언덕 원								
厂 – 총 10획	原本(원본), 原理(원리)							

빈 칸에 한자를 써 보세요.

院 집 원	院			
阝 – 총 10획	病院(병원), 院長(원장)		동음이의어 : 源(근원 원), 圓(둥글 원)	
偉 클 위	偉			
亻/人 – 총 11획	偉人(위인), 偉大(위대)		유의어 : 大(큰 대)	
位 자리 위	位			
亻/人 – 총 7획	順位(순위), 方位(방위)			
以 써 이	以			
人 – 총 5획	以上(이상), 所以(소이)			
耳 귀 이	耳			
耳 – 총 6획	耳目(이목)			
因 인할 인	因			
口 – 총 6획	原因(원인), 因習(인습)			
任 맡길 임	任			
亻/人 – 총 6획	任命(임명)			
財 재물 재	財			
貝 – 총 10획	財産(재산), 財物(재물)			
材 재목 재	材			
木 – 총 7획	材料(재료), 教材(교재)			

빈 칸에 한자를 써 보세요.

災 災				
재앙 재				
火 – 총 7획	火災(화재), 天災(천재)			동음이의어 : 才(재주 재), 財(재물 재), 在(있을 재)
再 再				
두 재				
冂 – 총 6획	再建(재건), 再考(재고)			
爭 爭				
다툴 쟁				
爪 – 총 8획	戰爭(전쟁), 競爭(경쟁)			유의어 : 競(다툴 경), 戰(싸움 전)
貯 貯				
쌓을 저				
貝 – 총 12획	貯金(저금), 貯水(저수)			
的 的				
과녁 적				
白 – 총 8획	公的(공적), 的中(적중)			
赤 赤				
붉을 적				
赤 – 총 7획	赤旗(적기), 赤色(적색)			상대·반의어 : 靑(푸를 청)
典 典				
법 전				
八 – 총 8획	法典(법전)			
傳 傳				
전할 전				
亻/人 – 총 13획	口傳(구전), 傳說(전설)			동음이의어 : 前 (앞 전), 電 (번개 전), 全 (온전 전)
展 展				
펼 전				
尸 – 총 10획	展示(전시), 展望(전망)			동음이의어 : 戰 (싸움 전), 典 (법 전), 傳 (전할 전)

257

빈 칸에 한자를 써 보세요.

節 마디 절	節							
竹 - 총 15획	關節(관절), 節約(절약)							
切 끊을 절/온통 체	切							
力 - 총 9획	一切(일체)			동음이의어 : 節 (마디 절)				
店 가게 점	店							
广 - 총 18획	書店(서점)			비슷한 모양의 한자 : 席 (자리 석)				
情 뜻 정	情							
心 - 총 11획	感情(감정), 友情(우정)			비슷한 모양의 한자 : 靑 (푸를 청), 淸 (맑을 청)				
停 머무를 정	停							
亻/人 - 총 11획	停車(정차), 停止(정지)			유의어 : 止 (그칠 지)				
調 고를 조	調							
言 - 총 15획	曲調(곡조), 調節(조절)			동음이의어 : 祖 (할아버지 조), 朝 (아침 조)				
操 잡을 조	操							
扌/手부 - 총 16획	操身(조신), 操心(조심)			동음이의어 : 調 (고를 조)				
卒 마칠 졸	卒							
十 - 총 8획	卒兵(졸병), 卒業(졸업)			유의어 : 終 (마칠 종)				
種 씨 종	種							
禾 - 총 14획	種類(종류), 種子(종자)							

빈 칸에 한자를 써 보세요.

終 마칠 종	終					
糸/水 - 총 11획	終結(종결), 始終(시종)			상대 · 반의어 : 始 (비로소 시)		
罪 허물 죄	罪					
皿 - 총 13획	罪目(죄목), 罪科(죄과)					
週 주일 주	週					
辶 - 총 12획	週末(주말), 週日(주일)			동음이의어 : 住 (살 주), 注 (물댈 주), 晝 (낮 주)		
州 고을 주	州					
巛 - 총 6획	州郡(주군), 光州(광주)			비슷한 모양의 한자 : 川 (내 천)		
知 알 지	知					
矢 - 총 8획	知識(지식), 知性(지성)			유의어 : 識 (알 식)		
止 그칠 지	止					
止 - 총 4획	中止(중지), 停止(정지)			유의어 : 停(머무를 정)		
質 바탕 질	質					
貝 - 총 15획	性質(성질), 人質(인질)					
着 붙을 착	着					
目 - 총 12획	到着(도착), 着地(착지)					
參 참여할 참/석 삼	參					
厶 - 총 11획	參考(참고), 參加(참가)					

빈 칸에 한자를 써 보세요.

唱 부를 창	唱						
口 - 총 11획	合唱(합창), 獨唱(독창)						
責 꾸짖을 책	責						
貝 - 총 11획	責任(책임), 責望(책망)						
鐵 쇠 철	鐵						
金 - 총 21획	鐵橋(철교), 鐵馬(철마)						
初 처음 초	初						
刀 - 총 7획	始初(시초), 初代(초대)	유의어 : **始 (비로소 시)**					
最 가장 최	最						
日 - 총 12획	最高(최고), 最善(최선)						
祝 빌 축	祝						
示 - 총 10획	祝歌(축가), 祝福(축복)	유의어 : **福 (복 복)**					
充 채울 충	充						
儿 - 총 6획	充分(충분), 充實(충실)						
致 이를 치	致						
至 - 총 10획	景致(경치), 致死(치사)						
則 법칙 칙/곧 즉	則						
刀 - 총 9획	法則(법칙), 規則(규칙)						

월   일   확인:

빈 칸에 한자를 써 보세요.

打 칠 타	打						
扌/手부 – 총 5획	打者(타자), 打令(타령)						
他 다를 타	他						
亻/人 – 총 5획	他人(타인), 出他(출타)			동음이의어 : 打 (칠 타)			
卓 높을 탁	卓						
十 – 총 8획	卓子(탁자), 食卓(식탁)						
炭 숯 탄	炭						
火 – 총 9획	木炭(목탄), 石炭(석탄)						
宅 집 택/댁	宅						
宀 – 총 6획	住宅(주택), 宅地(택지)						
板 널 판	板						
木 – 총 8획	木板(목판), 氷板(빙판)			비슷한 모양의 한자 : 材 (재목 재)			
敗 패할 패	敗						
攵 – 총 11획	敗北(패배), 勝敗(승패)			상대 · 반의어 : 勝 (이길 승)			
品 물건 품	品						
口 – 총 9획	品質(품질), 品格(품격)						
必 반드시 필	必						
心 – 총 5획	必要(필요), 必勝(필승)			비슷한 모양의 한자 : 心 (마음 심)			

빈 칸에 한자를 써 보세요.

筆 붓 필	筆				
竹 - 총 12획	筆記(필기), 筆談(필담)			동음이의어 : 必 (반드시 필)	
河 물 하	河				
氵- 총 8획	河川(하천), 河口(하구)			유의어 : 江 (강 강)	
寒 찰 한	寒				
宀 - 총 12획	寒冷(한랭), 寒天(한천)			상대·반의어 : 溫 (따뜻할 온)	
害 해할 해	害				
宀 - 총 10획	害惡(해악), 風害(풍해)			상대·반의어 : 利 (이로울 리)	
許 허락할 허	許				
言 - 총 11획	許可(허가), 特許(특허)				
湖 호수 호	湖				
水 - 총 12획	湖水(호수), 江湖(강호)			동음이의어 : 號 (부를 호)	
化 될 화	化				
匕 - 총 4획	變化(변화), 敎化(교화)			동음이의어 : 火 (불 화), 花 (꽃 화), 話 (말씀 화)	
患 근심 환	患				
心 - 총 9획	後患(후환), 病患(병환)				
效 본받을 효	效				
攵 - 총 10획	效果(효과), 效用(효용)			동음이의어 : 孝 (효도 효)	

빈 칸에 한자를 써 보세요.

凶	凶						
흉할 흉							
ㄴ - 총 4획	吉凶(길흉), 凶年(흉년)			상대 · 반의어 : 吉 (길할 길)			
黑	黑						
검을 흑							
黑 - 총 12획	黑白(흑백), 黑心(흑심)			상대 · 반의어 : 白 (흰 백)			

월   일 확인: ----------------------

빈 칸에 한자를 써 보세요.

加減	加(더할 가) 減(덜 감)	더하거나 더는 일	加減
江山	江(강 강) 山(뫼 산)	강과 산	江山
强弱	强(강할 강) 弱(약할 약)	강함과 약함	强弱
京鄉	京(서울 경) 鄉(시골 향)	서울과 시골	京鄉
輕重	輕(가벼울 경) 重(무거울 중)	가벼움과 무거움	輕重
苦樂	苦(괴로울 고) 樂(즐거울 락)	괴로움과 즐거움	苦樂
高低	高(높을 고) 低(낮을 저)	높고 낮음	高低
曲直	曲(굽을 곡) 直(곧을 직)	굽음과 곧음	曲直
功過	功(공 공) 過(허물 과)	공과 허물, 잘잘못	功過
官民	官(벼슬 관) 民(백성 민)	관리와 국민	官民
吉凶	吉(길할 길) 凶(흉할 흉)	길함과 흉함	吉凶
南北	南(남녘 남) 北(북녘 북)	남쪽과 북쪽	南北
男女	男(사내 남) 女(여자 녀)	남자와 여자	男女
內外	內(안 내) 外(바깥 외)	안과 밖	內外
多少	多(많을 다) 少(적을 소)	많고 적음	多少
當落	當(마땅 당) 落(떨어질 락)	당선과 낙선	當落
大小	大(큰 대) 小(작을 소)	크고 작음	大小
東西	東(동녘 동) 西(서녘 서)	동쪽과 서쪽	東西
得失	得(얻을 득) 失(잃을 실)	얻음과 잃음	得失
往來	往(갈 왕) 來(올 래)	오고 감	往來

상대어 · 반의어

빈 칸에 한자를 써 보세요.

老少	老(늙을 로) 少(젊을 소)	늙음과 젊음	老少
勞使	勞(일할 로) 使(부릴 사)	노동자와 사용자	勞使
利害	利(이로울 리) 害(해할 해)	이로움과 해로움	利害
賣買	賣(팔 매) 買(살 매)	팔고 삼	賣買
明暗	明(밝을 명) 暗(어두울 암)	밝음과 어두움	明暗
問答	問(물을 문) 答(대답 답)	묻고 대답함	問答
文武	文(글월 문) 武(호반 무)	문관과 무관	文武
物心	物(물건 물) 心(마음 심)	물질과 정신	物心
班常	班(나눌 반) 常(항상 상)	양반과 상사람	班常
發着	發(필 발) 着(붙을 착)	출발과 도착	發着
本末	本(근본 본) 末(끝 말)	일의 처음과 끝	本末
夫婦	夫(지아비 부) 婦(아내 부)	남편과 아내	夫婦
貧富	貧(가난할 빈) 富(부유할 부)	가난함과 부유함	貧富
死生	死(죽을 사) 生(날 생)	죽음과 삶	死生
師弟	師(스승 사) 弟(아우 제)	스승과 제자	師弟
山川	山(뫼 산) 川(내 천)	산과 내	山川
山河	山(뫼 산) 河(물 하)	산과 물	山河
山海	山(뫼 산) 海(바다 해)	산과 바다	山海
上下	上(윗 상) 下(아래 하)	위와 아래	上下
賞罰	賞(상 상) 罰(죄 벌)	상과 벌	賞罰

빈 칸에 한자를 써 보세요.

先後	先(먼저 선) 後(뒤 후)	먼저와 나중	先後
善惡	善(착할 선) 惡(악할 악)	선과 악	善惡
成敗	成(이룰 성) 敗(패할 패)	성공과 실패	成敗
授受	授(줄 수) 受(받을 수)	주고 받음	授受
水火	水(물 수) 火(불 화)	물과 불	水火
手足	手(손 수) 足(발 족)	손과 발	手足
收支	收(거둘 수) 支(지탱할 지)	수입과 지출	收支
勝敗	勝(이길 승) 敗(패할 패)	이기고 패함	勝敗
始末	始(처음 시) 末(끝 말)	처음과 끝	始末
始終	始(처음 시) 終(끝 종)	처음과 끝	始終
是非	是(옳을 시) 非(그를 비)	옳고 그름	是非
新舊	新(새 신) 舊(예 구)	새 것과 옛 것	新舊
心身	心(마음 심) 身(몸 신)	마음과 몸	心身
溫冷	溫(따뜻할 온) 冷(찰 랭)	따뜻함과 차가움	溫冷
言行	言(말씀 언) 行(행할 행)	말과 행동	言行
玉石	玉(구슬 옥) 石(돌 석)	옥과 돌, 좋은 것과 나쁜 것	玉石
往復	往(갈 왕) 復(회복할 복)	갔다가 돌아옴	往復
遠近	遠(멀 원) 近(가까울 근)	멀고 가까움	遠近
有無	有(있을 유) 無(없을 무)	있음과 없음	有無
陰陽	陰(그늘 음) 陽(볕 양)	음과 양	陰陽

빈 칸에 한자를 써 보세요.

因果	因(인할 인) 果(과실 과)	원인과 결과	因果
日月	日(날 일) 月(달 월)	해와 달	日月
自他	自(스스로 자) 他(다를 타)	나와 남	自他
長短	長(길 장) 短(짧을 단)	길고 짧음	長短
將兵	將(장수 장) 兵(병사 병)	장군과 병사	將兵
將卒	將(장수 장) 卒(병졸 졸)	장군과 병졸	將卒
前後	前(앞 전) 後(뒤 후)	앞과 뒤	前後
正誤	正(바를 정) 誤(그를 오)	옳음과 그름	正誤
朝夕	朝(아침 조) 夕(저녁 석)	아침과 저녁	朝夕
祖孫	祖(할아버지 조) 孫(손자 손)	할아버지와 손자	祖孫
主客	主(주인 주) 客(손 객)	주인과 손님	主客
晝夜	晝(낮 주) 夜(밤 야)	낮과 밤	晝夜
進退	進(나아갈 진) 退(물러날 퇴)	나아감과 물러남	進退
集配	集(모을 집) 配(나눌 배)	우편물 등을 한 곳에 모아서 배달함	集配
增減	增(더할 증) 減(덜 감)	더함과 감함	增減
春秋	春(봄 춘) 秋(가을 추)	봄과 가을	春秋
豊凶	豊(풍년 풍) 凶(흉할 흉)	풍년과 흉년	豊凶
海陸	海(바다 해) 陸(뭍 륙)	바다와 육지	海陸
虛實	虛(빌 허) 實(열매 실)	거짓과 진실	虛實
兄弟	兄(형 형) 弟(아우 제)	형과 아우	兄弟

빈 칸에 한자를 써 보세요.

黑白	黑(검을 흑) 白(흰 백)	검정과 흰색	黑白
興亡	興(흥할 흥) 亡(망할 망)	흥함과 망함	興亡

빈 칸에 한자를 써 보세요.

歌曲	歌(노래 가) 曲(굽을 곡)	반주에 맞추어서 부르는 성악곡	歌曲
監視	監(볼 감) 視(볼 시)	주의깊게 살피거나 지켜 보는 것	監視
健康	健(굳셀 건) 康(편안할 강)	몸에 병이 없어 좋은 상태	健康
境界	境(지경 경) 界(경계 계)	지역의 구분이 되는 한계	境界
競爭	競(다툴 경) 爭(다툴 쟁)	같은 목적을 두고 다투는 것	競爭
計算	計(계산할 계) 算(셈 산)	어떤 값이나 답을 구하기 위해 셈하는 것	計算
空虛	空(빌 공) 虛(빌 허)	텅비어 쓸쓸하고 허전하다	空虛
過失	過(지날 과) 失(잃을 실)	실수나 부주의 등으로 인한 잘못	過失
過誤	過(지날 과) 誤(잘못 오)	도덕적 윤리나 잘못	過誤
果實	果(과실 과) 實(열매 실)	사람이 먹을 수 있는 나무의 열매	果實
敎訓	敎(가르칠 교) 訓(가르칠 훈)	올바른 도덕이나 규범을 가르치고 깨닫게 하는 것	敎訓
具備	具(갖출 구) 備(갖출 비)	빠짐없이 갖추는 것	具備
極端	極(극할 극) 端(끝 단)	중용을 잃고 한 쪽으로 치우치는 것	極端
根本	根(뿌리 근) 本(근본 본)	사물의 본질이나 본바탕	根本
技術	技(재주 기) 術(재주 술)	어떤 것을 잘 만들거나 고치고 다루는 능력	技術
技藝	技(재주 기) 藝(재주 예)	기술 상의 재주	技藝
年歲	年(해 년) 歲(해 세)	나이의 높임말	年歲
斷絶	斷(끊을 단) 絶(끊을 절)	더 지속되지 않도록 끊는 것	斷絶
談話	談(말씀 담) 話(말씀 화)	서로 이야기를 주고 받는 것	談話
到達	到(이를 도) 達(이를 달)	이르러 닿는 것	到達

빈 칸에 한자를 써 보세요.

道路	道(길 도) 路(길 로)	사람, 차 등이 다닐 수 있도록 만든 넓은 길	道路
末端	末(끝 말) 端(끝 단)	맨 끄트머리	末端
文章	文(글월 문) 章(글 장)	사고나 감정을 말로 표현하는 최소단위	文章
法典	法(법 법) 典(법 전)	국가가 제정한 통일적 체계의 성문 규범	法典
兵士	兵(군사 병) 士(병사 사)	옛날 군인을 이르는 말	兵士
兵卒	兵(군사 병) 卒(병졸 졸)	옛날 군인을 이르는 말	兵卒
報告	報(알릴 보) 告(알릴 고)	지시감독하는 사람에게 일의 결과나 내용을 글이나 말로 알리는 것	報告
副次	副(버금 부) 次(다음 차)	두 번째	副次
思考	思(생각 사) 考(헤아릴 고)	생각하는 일	思考
思念	思(생각 사) 念(생각 념)	주의 깊게 생각하는 것	思念
思想	思(생각 사) 想(생각 상)	사람이 품고 있는 생각이나 견해	思想
舍宅	舍(집 사) 宅(집 택)	기업체나 기관에서 근무하는 사람들을 위하여 그 기업체나 기관에서 지어 놓은 살림집	舍宅
想念	想(생각 상) 念(생각 념)	마음 속에 품은 여러 가지 생각	想念
選別	選(고를 선) 別(다를 별)	어느 것 가운데 따로 택하여 구분하는 것	選別
素朴	素(본디 소) 朴(순박할 박)	꾸밈이나 거짓이 없이 있는 그대로	素朴
樹木	樹(나무 수) 木(나무 목)	식물로서 살아 있는 나무	樹木
純潔	純(순할 순) 潔(깨끗할 결)	순수하고 깨끗한 상태에 있는 것	純潔
施設	施(베풀 시) 設(베풀 설)	베풀어 차리는 것	施設
始初	始(처음 시) 初(처음 초)	맨 처음	始初

빈 칸에 한자를 써 보세요.

試驗	試(시험할 시) 驗(시험할 험)	배운 지식이나 기술을 일정한 방법인 절차에 따라 알아보는 일	試驗
申告	申(납 신) 告(알릴 고)	상사나 회사 관청에 공적인 사실을 알리는 것	申告
身體	身(몸 신) 體(몸 체)	사람의 형상을 이루는 머리에서 발 끝까지의 부분	身體
心情	心(마음 심) 情(뜻 정)	마음에 품은 생각과 감정	心情
眼目	眼(눈 안) 目(눈 목)	사물을 보고 분별하는 견식	眼目
言語	言(말씀 언) 語(말씀 어)	사상 감정을 나타내고 의사를 소통하기 위한 음성 문자 따위의 수단	言語
研究	研(갈 연) 究(궁구할 구)	깊이있게 조사·생각하여 이치나 사실을 밝히는 것	研究
連續	連(이을 련) 續(이을 속)	끊이지 않고 죽 잇거나 지속되는 것	連續
永遠	永(길 영) 遠(멀 원)	어떤 상태가 끝없이 이어지는 것	永遠
溫暖	溫(따뜻할 온) 暖(따뜻한 난)	날씨가 따뜻한 것	溫暖
恩惠	恩(은혜 은) 惠(은혜 혜)	어떤 사람에게 베푸는 고마운 일	恩惠
音聲	音(소리 음) 聲(소리 성)	사람의 목에서 나오는 소리	音聲
議論	議(의논할 의) 論(논할 론)	어떤 일에 대해 의견을 서로 주고 받는 일	議論
衣服	衣(옷 의) 服(옷 복)	옷을 문어적으로 이르는 말	衣服
意志	意(뜻 의) 志(뜻 지)	어떤 일을 해내거나 이루려는 마음의 상태나 작용	意志
財貨	財(재물 재) 貨(재화 화)	돈이나 그 밖의 값 나가는 물건을 이르는 말	財貨
貯蓄	貯(쌓을 저) 蓄(쌓을 축)	소득 가운데서 쓰고 남은 부분을 모아 두는 일	貯蓄
戰爭	戰(싸울 전) 爭(다툴 쟁)	나라와 나라 또는 교전 단체가 무기를 이용하여 싸우는 일	戰爭
停留	停(머무를 정) 留(머무를 류)	멈추어 머무르는 것	停留
停止	停(머무를 정) 止(그칠 지)	움직임을 멈추는 것	停止

빈 칸에 한자를 써 보세요.

精誠	精(정할 정) 誠(정성 성)	어떤 일을 성실하게 하거나 이루려는 태도	精誠
正直	正(바를 정) 直(곧을 직)	속이거나 숨김이 없이 참되고 바른 상태	正直
政治	政(정사 정) 治(다스릴 치)	통치자가 국민들의 이해 관계 대립을 조정하고 국가의 정책과 목적을 실현시키는 일	政治
製作	製(만들 제) 作(지을 작)	두뇌를 써서 어떤 기능과 내용을 가진 대상을 만드는 것	製作
製造	製(만들 제) 造(지을 조)	공장 등에서 큰 규모로 물건을 만드는 일	製造
調和	調(고를 조) 和(화할 화)	서로 고르게 잘 어울리는	調和
尊重	尊(높일 존) 重(무거울 중)	높이고 중하게 여기는 것	尊重
增加	增(더할 증) 加(더할 가)	더 늘어서 많아지는 것	增加
至極	至(이를 지) 極(극할 극)	더없이 극진하다	至極
知識	知(알 지) 識(알 식)	어떤 대상을 연구하거나 배우거나 또는 실천을 통해 얻은 명확한 인식이나 이해	知識
處所	處(곳 처) 所(바 소)	거처하는 곳	處所
寒冷	寒(찰 한) 冷(찰 랭)	춥고 찬 것	寒冷
幸福	幸(다행 행) 福(복 복)	사람이 생활 속에서 기쁘고 즐겁고 만족하는 상태에 있는 것	幸福

다음 한자의 약자를 써 보세요.

價	価	価	
擧	挙	挙	
輕	軽	軽	
關	関	関	
廣	広	広	
舊	旧	旧	
國	国	国	
假	仮	仮	
經	経	経	

觀	観	観	
區	区	区	
權	権	権	
氣	気	気	
單	単	単	
擔	担	担	
黨	党	党	
圖	図	図	
讀	読	読	

다음 한자의 약자를 써 보세요.

樂	楽	楽		麗	麗	麗	
來	来	来		勞	労	労	
斷	断	断		萬	万	万	
團	団	団		賣	売	売	
當	当	当		變	変	変	
對	対	対		寶	宝	宝	
獨	独	独		師	师	师	
燈	灯	灯		狀	状	状	
兩	両	両		禮	礼	礼	

다음 한자의 약자를 써 보세요.

滿	滿	滿	
發	発	発	
邊	辺	辺	
佛	仏	仏	
寫	写	写	
聲	声	声	
數	数	数	
實	実	実	
惡	悪	悪	

醫	医	医	
兒	児	児	
壓	圧	圧	
餘	余	余	
榮	栄	栄	
藝	芸	芸	
應	応	応	
將	将	将	
爭	争	争	

다음 한자의 약자를 써 보세요.

傳	伝	伝	
濟	済	済	
處	処	処	
體	体	体	
戰	戦	戦	
卒	卆	卆	
參	参	参	
鐵	鉄	鉄	
總	総	総	

蟲	虫	虫	
解	鮮	解	
號	号	号	
會	会	会	
齒	歯	歯	
學	学	学	
虛	虚	虚	
賢	賢	賢	
畵	画	画	

다음 한자의 약자를 써 보세요.

興	兴	兴	

❖ 다음 한자를 읽어 보고 알맞은 훈과 음을 쓰세요.

街	
假	

悲	
非	

申	
由	

義	
議	

傳	
博	

波	
破	

午	
牛	

祭	
際	

城	
誠	
盛	

❖ 다음 한자어를 읽어 보고, 어떤 음으로 소리나는지 공부해 봅시다.

車	수레 거	自轉車 (자전거)
	수레 차	自動車 (자동차)

便	편할 편	便利 (편리)
	똥오줌 변	便所 (변소)

度	법도 도	制度 (제도)
	헤아릴 탁	度量 (탁량)

洞	골 동	洞長 (동장)
	밝을 통	洞察 (통찰)

讀	읽을 독	讀書 (독서)
	구절 두	句讀 (구두)

北	북녘 북	南北 (남북)
	달아날 배	敗北 (패배)

見	볼 견	見聞 (견문)
	뵈올 현	謁見 (알현)

惡	악할 악	善惡 (선악)
	미워할 오	憎惡 (증오)

殺	죽일 살	殺人 (살인)
	감할 쇄	殺到 (쇄도)

宿	잘 숙	寄宿舍 (기숙사)
	별자리 수	星宿 (성수)

❖ 다음 한자어를 읽어 보고, 어떤 음으로 소리나는지 공부해 봅시다.

參	석 삼	參億 (삼 억)
	참여할 참	參與 (참여)

識	알 식	知識 (지식)
	기록할 지	標識 (표지)

狀	형상 상	狀態 (상태)
	문서 장	賞狀 (상장)

則	법칙 칙	規則 (규칙)
	곧 즉	然則 (연즉)

切	끊을 절	斷切 (단절)
	온통 체	一切 (일체)

布	펼 포	宣布 (선포)
	보시할 보	布施 (보시)

宅	집 택	宅地 (택지)
	집 댁	宅內 (댁내)

暴	사나울 폭	暴力 (폭력)
	모질 포	暴惡 (포악)

省	살필 성	省察 (성찰)
	덜 생	省略 (생략)

單	홑 단	單語 (단어)
	오랑캐이름 선	單于 (선우)

❖ 다음 한자어를 읽어 보고, 어떤 음으로 소리나는지 공부해 봅시다.

行	다닐 행	行動 (행동)
	항렬 항	行列 (항렬)

復	회복할 복	復舊 (복구)
	다시 부	復活 (부활)

畵	그림 화	畵風 (화풍)
	그을 획	畵數 (획수)

樂	즐거울 락	樂園 (낙원)
	음악 악	音樂 (음악)
	좋아할 요	樂山樂水(요산요수)

說	말씀 설	說明 (설명)
	달랠 세	遊說 (유세)
	기쁠 열	說樂 (열락)

4급 II

모의 한자능력검정시험

▶ 모의 한자능력검정시험을 보기 전에 꼭 읽어 보세요!

1. 모의 한자능력검정시험은 **4급 II** 쉽게 따는 **급수한자**를 완전히 학습한 후에 실제 시험에 임하는 자세로 풀어 보세요. 특히 가 단원의 마무리 학습을 통해 **4급 II** 과정이 한자를 충분히 학습하세요.
2. 실제 한자능력검정시험 **4급 II**는 100문제이며, 시험 시간은 50분입니다. 가능하면 실제 시험과 동일한 조건에서 문제를 풀 수 있도록 하세요.
3. 모의 한자능력검정시험의 답은 첨부된 실제 검정시험과 동일한 형식의 답안지에 검정색 필기도구로 표기하세요.
4. **4급 II** 쉽게 따는 **급수한자**가 제공하는 모의 한자능력검정시험의 문제 유형은 실제 검정시험과 동일하므로 하루에 1회씩 3번에 걸쳐 모의 시험 경험을 쌓는다면 실제 시험에 임할 때 많은 도움이 될 것입니다.
5. 채점은 가능하면 부모님께서 해 주시고, 틀린 부분을 철저히 분석하여 충분한 보충 학습 후 실제 시험에 응시할 수 있게 하세요.
6. 모의 한자능력검정시험의 채점 결과를 통해 평가할 수 있는 내용은 다음과 같습니다.

등급	5급 정답수	평가	한자능력검정시험
A	91~100	아주 잘함	축하합니다. 꼭 합격하실 거예요.
B	81~90	잘함	열심히 공부하셨어요.
C	71~80	보통	본 교재를 한번 더 복습하세요.
D	70이하	부족함	많이 노력해야 해요.

※ 4급 II 합격 문항은 70문항입니다.

第1回 漢字能力儉定試驗 4級 II

1 다음 漢字語의 讀音을 쓰세요. (1~20)

<보기> 天地 ⇨ 천지

1. 增減

2. 假名

3. 研究

4. 可能

5. 合格

6. 尊待

7. 個人

8. 指導

9. 親善

10. 說明

11. 連休

12. 記錄

13. 論議

14. 參考

15. 觀光

16. 陰害

17. 藝術

18. 許容

19. 賣買

20. 福利

2 다음 밑줄 친 漢字語의 讀音을 쓰세요. (21~35)

21. 이 모임에 加入하기 위해서는 일정한 자격이 필요하다.

22. 창고에 재고가 많아 이 제품은 減産하기로 결정하였다.

23. 백마디 말보다 실천이 貴重하다.

24. 이 사건은 각박한 사회의 斷面을 보여주고 있다.

25. 식료품 價格이 많이 올랐다.

26. 많은 것을 가지는 것보다 가진 것에 滿足할 줄 알아야 행복할 수 있다.

27. 모자를 벗어 敬意를 표했다.

28. 그는 스포츠에 관해서는 모르는 것이 없는 스포츠博士이다.

29. 그는 才能이 출중한 사람이다.

30. 대한민국 남자는 國防의 의무를 다하기 위하여 군대에 간다.

31. 利己적인 사람은 자기위주로만 생각한다.

32. 言論에서는 이 사건을 중요하게 다루었다.

33. 그 사람은 團體활동에 아주 열심이다.

34. 이 문제는 單純하게 생각해서는 풀기 어렵다.

35. 이 사건은 檢察로 넘어갔다.

③ 다음 漢字의 訓과 音을 쓰세요.(36~57)

<보기> 天 ⇨ 하늘 천

36. 潔   37. 隊

38. 論   39. 未

40. 想   41. 俗

42. 施   43. 藝

44. 精   45. 指

46. 請   47. 香

48. 談   49. 給

50. 選   51. 卓

52. 歲   53. 質

54. 效   55. 着

56. 樹   57. 幸

④ 다음 밑줄 친 단어에 알맞은 漢字語를 쓰세요.(58~77)

58. 내가 제일 좋아하는 과목은 과학

이다.

59. 개는 인간과 교감할 수 있는 반려 동물이다.

60. 그는 세계 평화를 위하여 헌신하였다.

61. 그 선수는 30Km지점부터 선두로 나섰다.

62. 식료품 가격이 점점 오르고 있다.

63. 도로는 많은 자동차로 정체되었다.

64. 반가운 친구들을 오랜만에 만났다.

65. 신호등의 녹색불이 들어왔다.

66. 그것은 어찌 보면 당연한 결과였다.

67. 조금만 더 속도를 내어라.

68. 모든 방법을 다 동원해서 위기를 극복하였다.

69. 따뜻한 온수로 샤워를 했다.

70. 발자국 자국이 아직도 선명하게

남아있다.

71. 이유가 타당하면 허락할 수 도 있다.

72. 방학이 다 끝나 가는데 숙제를 하나도 못하였다.

73. 특별한 사람만이 성공하는 것은 아니다.

74. 너무 그렇게 강요하면 오히려 역효과가 일어난다.

75. 열심히 일을 하여 많은 재산을 모았다.

76. 정신과 물질이 조화를 이룬 문화를 창조하였다.

77. 강가를 따라 주택들이 들어섰다.

⑤ 다음 漢字와 뜻이 상대 또는 반대되는 漢字를 보기에서 골라 글 속의 漢字語를 완성하시오. (78~80)

<보기> ① 得　② 暗　③ 減
　　　④ 滿　⑤ 暖

78. 加(　　　) 없이 있는 사실을 그대로 전달하였다.

79. 재빨리 이해(　　　)失을 따져보다.

80. 불이 켜지고 明(　　　)이 짙어지자 동상이 달리보인다.

6 다음 ( )안에 알맞은 漢字를 보기에서 고르세요.(81~85)

<보기> ① 博　　② 貧　　③ 毛
　　　　④ 斷　　⑤ 故

81. 死生決(　　　): 죽음과 삶을 가리지 않고 끝장을 내려함

82. 溫(　　　)知新: 옛 것을 익혀 그것으로부터 새 것을 앎

83. (　　　)學多識: 학식이 넓고 많이 앎

84. 九牛一(　　　): 아홉 마리 소에 털한 가닥, 즉, 대단히 많은 것 중에

적은 것

85. 淸(　　　)樂道: 청렴결백하여 가난하게 사는 삶을 즐김

7 다음 漢字의 部首를 쓰시오.(86~88)

86. 經 ⇨

87. 暖 ⇨

88. 留 ⇨

8 다음 漢字와 뜻이 같거나 비슷한 漢字를 보기에서 골라 글 속의 漢字語를 완성하시오.(89~91)

<보기> ① 斷　　② 達　　③ 求
　　　　④ 努　　⑤ 起

89. 심사숙고 끝에 決(　　　)을 내렸다.

90. 그가 연단에 오르자 학생들은 (　　　)立하여 박수를 쳤다.

91. 오랜 논의 끝에 이러한 결론에 到(　　　)하였다.

⑨다음 두 단어의 讀音은 같으나 뜻이 다르다. 뜻풀이를 읽고 ( )안에 적당한 단어를 보기에서 고르세요.(92~94)

<보기> ① 錄   ② 慶   ③ 警
④ 過   ⑤ 暖

92. ( )備 : 만일을 대비해 미리 살피고 지킴
經費 : 어떤 일을 하는데 드는 비용

93. 果實 : 과일, 열매
( )失 : 부주의로 인한 잘못

94. ( )畵 : 사물의 모습이나 동작 등을 다시 볼 수 있도록 기계장치에 저장함
綠化 : 나무 등을 심어 산이나 들을 푸르게 함

⑩ 다음 漢字語의 뜻을 쓰세요.(95~97)

95. 監督
96. 兩分
97. 海邊

⑪ 다음 漢字의 略字(약자)를 쓰세요.(98~100)

98. 聲
99. 壓
100. 餘

第2回 漢字能力儉定試驗 4級 ||

① 다음 漢字語의 讀音을 쓰세요. (1~20)

<보기> 天地 ⇨ 천지

1. 復習

2. 新婦

3. 冷房

4. 期間

5. 能力

6. 解禁

7. 先導

8. 謝過

9. 建立

10. 結果

11. 意味

12. 視線

13. 實施

14. 料理

15. 陸地

16. 回復

17. 協商

18. 課稅

19. 食卓

20. 重要

② 다음 밑줄 친 漢字語(한자어)의 讀音(독음)을 쓰세요. (21~35)

21. 아버지는 중요한 <u>書類</u>를 놓고 출근 하셨다.

22. 올림픽을 위하여 운동장을 <u>建設</u>하 였다.

23. 젊은 시절 그는 <u>野望</u>이 큰 청년이었다.

24. 시골의 밤하늘에서는 <u>流星</u>이 떨어지는 것을 볼 수 있다.

25. 한자를 많이 알면 <u>國史</u> 공부에 도움이 된다.

26. 깨끗하게 방을 <u>清掃</u>하여라.

27. 화질이 <u>鮮明</u>한 TV가 싼 가격에 출시되었다.

28. 이 프로그램은 언제 <u>放送</u>됩니까?

29. <u>宿題</u>가 너무 많다.

30. 그는 고해성사를 하기위해 <u>聖堂</u>에 갔다.

31. <u>順風</u>에 돛을 단 듯 일이 척척 풀린다.

32. 중요한 경기에서 우리 팀은 <u>壓勝</u>을 거두었다.

33. 그의 태도는 매우 <u>洗練</u>되었다.

34. 수재민을 돕기 위한 <u>誠金</u>이 많이 모였다.

35. 눈병이 나면 <u>眼科</u>에 가야한다.

③ 다음 漢字의 訓과 音을 쓰세요. (36~57)

<보기> 天 ⇨ 하늘 천

36. 演
37. 授
38. 受
39. 聖
40. 飛
41. 密
42. 麗
43. 留
44. 導
45. 達
46. 缺
47. 究
48. 量
49. 漁
50. 魚
51. 院
52. 價
53. 舊
54. 歷
55. 雲
56. 待
57. 角

④ 다음 밑줄 친 단어에 알맞은 漢字語를 쓰세요. (58~77)

58. 신중하게 생각하고 <u>결정</u>하여라.

59. 그는 재빨리 머릿속으로 계산을 하였다.

60. 무엇이든지 과도하면 좋지 않다.

61. 큰 소리로 대답해 주세요.

62. 이 번 연휴기간에 많은 관광객들이 몰려왔다.

63. 아빠는 자기 전에 동화책을 읽어 주셨다.

64. 단체로 오시면 입장료를 할인해 줍니다.

65. 그는 뻔뻔하세도 반성하지 않았다.

66. 변동사항이 있으면 미리 알려주세요.

67. 모든 방법을 동원하였지만 아무 소용이 없었다.

68. 얼음과 소금은 생선을 신선하게 유지시킨다.

69. 우선 이글의 주제를 파악해야 한다.

70. 누가 이 것 좀 설명해 줄래?

71. 그 건물은 폭발과 함께 형체도 없이 사라졌다.

72. 신하들은 충성을 맹세하였다.

73. 올 여름에는 동해로 놀러갔다.

74. 이 지역은 급속한 발전으로 옛 흔적을 찾기 어렵다.

75. 그는 일기를 매일 썼다.

76. 이 연못에는 선녀가 내려와 목욕을 하였다는 전설이 전해진다.

77. 가장 신경을 쓰는 과목은 수학이다.

⑤ 다음 漢字와 상대 또는 반대되는 의미의 漢字를 고르세요. (78~80)

78. 武 ⇨ ① 配 ② 味 ③ 壁 ④ 文

79. 罰 ⇨ ① 常 ② 貧 ③ 賞 ④ 素

80. 婦 ⇨ ① 承 ② 夫 ③ 逆 ④ 深

⑥ 다음 ( )안에 알맞은 漢字를 보기에서 고

르세요. (81~85)

<보기> ① 羊　② 治　③ 罰
　　　④ 得　⑤ 經

81. 一擧兩(　　) : 한 번 들어 둘을 얻음. 즉, 한 번의 일로 두 가지 이득을 봄

82. 牛耳讀(　　) : 쇠귀에 경 읽기. 즉, 아무리 가르쳐주어도 알지 못함

83. 修己(　　)人 : 나를 수양하여 남을 교화시킴

84. 讀書亡(　　) : 책을 읽느라 양을 잃다. 즉, 다른 일에 마음이 뺏겨 중요한 일을 잊다

85. 信賞必(　　) : 상과 벌을 주는데 있어 엄정함을 이르는 말

7 다음 漢字의 部首를 쓰시오. (86~88)

86. 報 ⇨
87. 罰 ⇨
88. 床 ⇨

8 다음 漢字와 뜻이 같거나 비슷한 漢字를 보기에서 골라 글속의 漢字語를 완성하시오. (89~91)

<보기> ① 告　② 羊　③ 良
　　　④ 包　⑤ 術

89. 문제가 생기면 빨리 報(　　)하여라.

90. 오랫동안 방치되었음에도 상태가 (　　)好하였다.

91. 인생은 짧지만 藝(　　)은 길다.

9 다음 두 단어의 讀音은 같으나 뜻이 다르다. 뜻풀이를 읽고 (　)안에 적당한 단어를 보기에서 고르세요. (92~94)

<보기> ① 時　② 師　③ 故
　　　④ 査　⑤ 想

92. 同(　) : 같은 때, 같은 시기
童詩 : 어린이를 대상으로 한 시

93. 思考 : 생각 또는 궁리를 함
事(　) : 예상치 못하게 일어난 불행한 일
못

94. 思( ) : 어떤 사물에 대한 생각. 또는 논

　　　리적이고 통일된 사고체계

　　史上 : 역사상

10 다음 漢字語의 뜻을 쓰세요. (95~97)

　95. 副題

　96. 新婦

　97. 細分

11 다음 漢字의 略字(약자)를 쓰세

요. (98~100)

　98. 經

　99. 權

　100. 斷

第3回 漢字能力儉定試驗 4級 II

① 다음 漢字語(한자어)의 讀音(독음)을 쓰세요. (1~20)

<보기> 天地 ⇨ 천지

1. 制限

2. 田園

3. 支障

4. 費用

5. 奉仕

6. 餘波

7. 連續

8. 良好

9. 德談

10. 獨立

11. 移民

12. 政治

13. 新築

14. 熱望

15. 養育

16. 背景

17. 賞罰

18. 精密

19. 特技

20. 親舊

② 다음 밑줄 친 漢字語(한자어)의 讀音(독음)을 쓰세요. (21~35)

21. 元來부터 나쁜 사람은 없다.

22. 이 번 사건은 사회에 커다란 波長을 불러왔다.

23. 그는 매우 親切한 사람이다.

24. 운동도 자신의 水準에 맞게 하여야 무리가 없다.

25. 도시를 떠나 농촌에 定着하였다.

26. 그는 이 회사를 2002년에 創業하였다.

27. 연천 전곡리에서 구석기 文化를 체험할 수 있다.

28. 暴風의 언덕은 에밀리 브론테의 소설이다.

29. 경기가 점점 過熱되었다.

30. 그는 確信에 찬 목소리로 성공을 장담하였다.

31. 두 나라의 교역이 再開되었다.

32. 인간을 위해서라도 자연은 保護되어야 한다.

33. 때로는 失敗에서 더 많은 것을 배울 수 있다.

34. 경기가 매우 빨리 進行되었다.

35. 모두 지난주에 낸 과제를 提出하세요.

③ 다음 漢字의 訓과 音을 쓰세요. (36~57)

<보기> 天 ⇨ 하늘 천

36. 程
37. 眞
38. 態
39. 鄕
40. 吸
41. 賢
42. 確
43. 侵
44. 快
45. 增
46. 職
47. 尊
48. 災
49. 最
50. 致
51. 許
52. 節
53. 局
54. 洗
55. 典
56. 强
57. 新

④ 다음 밑줄 친 단어에 알맞은 漢字語를 쓰세요. (58~77)

58. 이 곳에서는 많은 고대시대의 유물이 발견되었다.

59. 그는 매우 공정하게 일을 처리하

였다.

60. 축제기간동안 이 <u>광장</u>에서 여러 행사를 개최할 것이다.

61. 여러 <u>세대</u>를 거쳐 지금의 모습을 가지게 되었다.

62. 인간만이 <u>도구</u>를 이용하는 것은 아니다.

63. 차마 사람의 <u>도리</u>를 저버릴 수 없었다.

64. 학생들 사이에서 줄임말이 <u>유행</u>이다.

65. 이번 시간은 <u>미술</u>시간이다.

66. 그토록 <u>소망</u>하였던 일을 이루었다.

67. 매일 아침 <u>운동</u>해서 건강이 좋아졌다.

68. 그 아이는 <u>성격</u>이 좋아서 친구들이 많다.

69. 인간은 누구나 <u>행복</u>을 추구할 권리가 있다.

70. 그 사람과의 만남은 마치 <u>숙명</u>같이 느껴졌다.

71. 그 산을 돌아 나오자 <u>평화</u>로운 시골풍경이 펼쳐졌다.

72. 인재들을 양성하기위하여 <u>교육</u>에 많은 투자를 하였다.

73. 늦은 밤에 <u>전화</u>벨 소리가 울렸다.

74. 오후 두시에 <u>서점</u> 앞에서 보자.

75. 온갖 놀라운 일들이 끊이지 않고 일어나는 <u>세상</u>이다.

76. 우리들의 <u>우정</u>이 변치 않았으면 한다.

77. 그는 꽤 <u>자신</u> 있는 태도로 들어왔다.

⑤ 다음 漢字와 뜻이 상대 또는 반대되는 漢字를 보기에서 골라 글 속의 漢字語를 완성하시오. (78~80)

<보기> ①實 ②陽 ③善 ④來 ⑤書

78. 사람들의 往(   )가 빈번하다.

79. 그는 어려운 사람들을 陰(   )을 도왔다.

80. 상대의 虛(   )을 먼저 파악해야 한다.

81. 滿(   )一致 : 모든 사람의 의견이 합치됨

82. 難兄難(   ) : 우열을 가리기 어려울 정도로 비슷함

83. (   )草報恩 : 풀을 묶어서 은혜를 갚다. 즉, 무슨 짓을 하여서라도 은혜를 갚다. 또는 죽어서라도 은혜를 갚다.

84. 眼下(   )人 : 눈 아래 사람이 없다. 즉, 몹시 거만하여 남을 업신여김

85. 多多益(   ) : 많으면 많을수록 좋다.

86. 稅 ⇨

87. 詩 ⇨

88. 陰 ⇨

<보기> ① 兄   ② 體   ③ 形
       ④ 作   ⑤ 節

89. 그는 매일 身( )를 단련하였다.

90. 이 제품은 製( )과정이 복잡하다.

91. 뜨거운 불에 ( )態도 없이 사라졌다.

<보기> ① 義   ② 容   ③ 演
         ④ 聲   ⑤ 受

92. (   )賞 : 상을 받음

    首相 : 내각의 우두머리

93. 煙氣 : 불에 타면 나오는 기체나 기운

    (   )技 : 배우가 배역의 성격 행동 등을 표

        현하는 일

94. (   )士 : 의로운 지사

    意思 : 하고자 하는 생각

10 다음 漢字語의 뜻을 쓰세요. (95~97)

    95. 餘地

    96. 逆風

    97. 害蟲

11 다음 漢字의 略字(약자)를 쓰세

요. (98~100)

    98. 解

    99. 興

100. 滿

수험번호 ☐☐☐-☐☐-☐☐☐☐　　　　성명 ☐☐☐☐☐

주민등록번호 ☐☐☐☐☐☐-☐☐☐☐☐☐☐　　※유성 싸인펜, 붉은색 필기구 사용 불가.

※답안지는 컴퓨터로 처리되므로 구기거나 더럽히지 마시고, 정답 칸 안에만 쓰십시오.
　글씨가 채점란으로 들어오면 오답처리가 됩니다.

제 1회 한자능력검정시험 4급 II 답안지(1)

번호	정답	1검	2검	번호	정답	1검	2검	번호	정답	1검	2검
1				17				33			
2				18				34			
3				19				35			
4				20				36			
5				21				37			
6				22				38			
7				23				39			
8				24				40			
9				25				41			
10				26				42			
11				27				43			
12				28				44			
13				29				45			
14				30				46			
15				31				47			
16				32				48			

감 독 위 원	채 점 위 원 (1)		채 점 위 원 (2)		채 점 위 원 (3)	
(서명)	(득점)	(서명)	(득점)	(서명)	(득점)	(서명)

제 1회 한자능력검정시험 4급 Ⅱ 답안지(2)

번호	정답	1검	2검	번호	정답	1검	2검	번호	정답	1검	2검
49				67				85			
50				68				86			
51				69				87			
52				70				88			
53				71				89			
54				72				90			
55				73				91			
56				74				92			
57				75				93			
58				76				94			
59				77				95			
60				78				96			
61				79				97			
62				80				98			
63				81				99			
64				82				100			
65				83							
66				84							

수험번호 □□□-□□-□□□□　　성명 □□□□

주민등록번호 □□□□□□-□□□□□□□ ※유성 싸인펜, 붉은색 필기구 사용 불가.

※답안지는 컴퓨터로 처리되므로 구기거나 더럽히지 마시고, 정답 칸 안에만 쓰십시오.
　글씨가 채점란으로 들어오면 오답처리가 됩니다.

제 2회 한자능력검정시험 4급 II 답안지(1)

번호	정답	1검	2검	번호	정답	1검	2검	번호	정답	1검	2검
1				17				33			
2				18				34			
3				19				35			
4				20				36			
5				21				37			
6				22				38			
7				23				39			
8				24				40			
9				25				41			
10				26				42			
11				27				43			
12				28				44			
13				29				45			
14				30				46			
15				31				47			
16				32				48			

감 독 위 원	채 점 위 원 (1)	채 점 위 원 (2)	채 점 위 원 (3)
(서명)	(득점) (서명)	(득점) (서명)	(득점) (서명)

제 2회 한자능력검정시험 4급 II 답안지(2)

번호	정 답	1검	2검	번호	정 답	1검	2검	번호	정 답	1검	2검
49				67				85			
50				68				86			
51				69				87			
52				70				88			
53				71				89			
54				72				90			
55				73				91			
56				74				92			
57				75				93			
58				76				94			
59				77				95			
60				78				96			
61				79				97			
62				80				98			
63				81				99			
64				82				100			
65				83							
66				84							

수험번호 ☐☐☐-☐☐-☐☐☐☐　　　　성명 ☐☐☐☐☐

주민등록번호 ☐☐☐☐☐☐-☐☐☐☐☐☐☐　　※유성 싸인펜, 붉은색 필기구 사용 불가.

※답안지는 컴퓨터로 처리되므로 구기거나 더럽히지 마시고, 정답 칸 안에만 쓰십시오.
　글씨가 채점란으로 들어오면 오답처리가 됩니다.

제 3회 한자능력검정시험 4급 II 답안지(1)

번호	답안지 정답	채점란 1검	채점란 2검	번호	답안지 정답	채점란 1검	채점란 2검	번호	답안지 정답	채점란 1검	채점란 2검
1				17				33			
2				18				34			
3				19				35			
4				20				36			
5				21				37			
6				22				38			
7				23				39			
8				24				40			
9				25				41			
10				26				42			
11				27				43			
12				28				44			
13				29				45			
14				30				46			
15				31				47			
16				32				48			

감독위원	채점위원(1)		채점위원(2)		채점위원(3)	
(서명)	(득점)	(서명)	(득점)	(서명)	(득점)	(서명)

※본 답안지는 컴퓨터로 처리되므로 구기거나 더럽혀지지 않도록 조심하시고 글씨를 칸 안에 또박또박 쓰십시오.

제 3회 한자능력검정시험 4급Ⅱ 답안지(2)

번호	정답	1검	2검	번호	정답	1검	2검	번호	정답	1검	2검
49				67				85			
50				68				86			
51				69				87			
52				70				88			
53				71				89			
54				72				90			
55				73				91			
56				74				92			
57				75				93			
58				76				94			
59				77				95			
60				78				96			
61				79				97			
62				80				98			
63				81				99			
64				82				100			
65				83							
66				84							

· 예상문제 (20p~23p)

1. 1)감소 2)건강 3)강독 4)상가 5)개인 6)가명 7)경계
8)결백 9)경사 10)결석 11)경과 12)장관 13)고인
14)감사 15)경고 16)관계 17)구절 18)구인 19)학구
20)검거

2. 1)거리 가 2)이지러질 결 3)경사 경 4)벼슬 관
5)편안 강 6)월 강 7)연구할 구 8)검사할 검
9)깨끗할 결 10)덜 감 11)지날/글 경 12)볼 감
13)거짓 가 14)깨우칠 경 15)맬 계 16)연고 고
17)지경 경 18)글귀 구 19)낱 개 20)구할 구

3. 1)減量 2)假分數 3)街頭 4)個性 5)缺格 6)淸潔
7)關係 8)檢査 9)經歷 10)講堂

4. 1)② 2)④ 3)⑧ 4)③ 5)⑮ 6)⑩ 7)⑬ 8)⑯ 9)⑪ 10)⑫

5. 1)③ 2)⑤ 3)②

6. 1) 仮
2) 経
3) 争

· 예상문제 (36p~39p)

1. 1)고궁 2)권력 3)남극 4)금지 5)토기 6)기립 7)달성
8)담당 9)온난 10)군대 11)난관 12)선도 13)노력
14)노기 15)단독 16)결단 17)발단 18)야당 19)단기
20)지대

2. 1)띠 대 2)권세 권 3)박달나무 단 4)금할 금
5)일어날 기 6)그릇 기 7)따뜻할 난 8)어려울 난
9)집 궁 10)힘쓸 노 11)성낼 노 12)끊을 단 13)끝 단
14)통달할 달 15)극진할/다할 극 16)멜 담 17)무리 당
18)무리 대 19)인도할 도 20)홑 단

3. 1)宮女 2)土器 3)苦難 4)禁食 5)單語 6)暖流 7)斷面
8)端午 9)導入 10)擔任

4. 1)⑪ 2)① 3)⑰ 4)⑦ 5)⑬ 6)⑳ 7)② 8)⑧ 9)⑮ 10)④

5. 1)⑤ 2)④ 3)①

6. 1) 權 权
2) 断
3) 党

· 예상문제 (52p~55p)

1. 1)감독 2)독감 3)청동 4)북두 5)녹두 6)소득 7)연결
8)자율 9)전등 10)열차 11)만기 12)나열 13)기록
14)문맥 15)양분 16)논리 17)불모지 18)고구려 19)유념
20)목동

2. 1)칠 목 2)구리 동 3)기록할 록 4)말 두 5)벌일 라
6)찰 만 7)얻을 득 8)독 독 9)등 등 10)두 량 11)벌일 렬
12)콩 두 13)논할 론 14)고울 려 15)감독할 독
16)법칙 률 17)이을 련 18)줄기 맥 19)터럭 모
20)머무를 류

3. 1)毒氣 2)兩國 3)街路燈 4)利得 5)新羅 6)留意 7)滿足
8)牧場 9)律動 10)論爭

4. 1)② 2)⑨ 3)⑩ 4)⑥ 5)⑪ 6)⑰ 7)③ 8)⑲ 9)⑭ 10)①

5. 1)① 2)③ 3)④

6. 1) 灯
2) 両
3) 満

· 예상문제 (68p~71p)

1. 1)해변 2)배반 3)박사 4)업무 5)무술 6)냉방 7)배수
8)보류 9)의미 10)방문 11)벌목 12)보도 13)보물
14)상벌 15)국방 16)미래 17)밀착 18)세배 19)벽화
20)초보

2. 1)가 변 2)호반 무 3)막을 방 4)절 배 5)아닐 미
6)넓을 박 7)방 방 8)갚을/알릴 보 9)찾을 방
10)맛 미 11)등 배 12)칠 벌 13)힘쓸 무 14)지킬 보
15)벌할 벌 16)빽빽할 밀 17)벽 벽 18)보배 보
19)걸음 보 20)나눌/짝 배

3. 1)博識 2)未達 3)密集 4)別味 5)配達 6)背信 7)國防
8)步兵 9)保留 10)情報

4. 1)② 2)⑨ 3)⑭ 4)① 5)④ 6)⑥ 7)⑯ 8)⑳ 9)⑪ 10)③

5. 1)② 2)③ 3)④

6. 1) 辺
2) 麗

3) 拳

1. 1)부활 2)불교 3)청빈 4)살해 5)실상 6)부제 7)경비
8)사원 9)정상 10)신부 11)비운 12)약사 13)병상
14)부자 15)비행 16)관사 17)이상 18)입법부 19)비행
20)사과
2. 1)상 상 2)회복할 복/다시 부 3)며느리 부 4)아닐 비
5)가난할 빈 6)부처 불 7)마을 부 8)갖출 비 9)절 사
10)날 비 11)사례할 사 12)슬플 비 13)버금 부
14)스승 사 15)죽일 살/감할 쇄 16)떳떳할 상
17)생각 상 18)부자 부 19)형상 상/문서 장 20)집 사
3. 1)副業 2)貧富 3)反復 4)飛上 5)山寺 6)非理 7)殺生
8)感想 9)對備 10)敎師
4. 1)③ 2)⑧ 3)⑯ 4)⑤ 5)⑦ 6)⑭ 7)⑥ 8)④ 9)⑰ 10)⑳
5. 1)① 2)② 3)⑤
6. 1)仏
2)师
3)狀

1. 1)건설 2)음성 3)청소 4)방송 5)수양 6)담소 7)열성
8)토성 9)유성 10)기세 11)평소 12)수강 13)보수
14)민속 15)세무 16)극성 17)성당 18)세분 19)연속
20)교수
2. 1)본디/흴 소 2)베풀 설 3)별 성 4)웃음 소 5)보낼 송
6)소리 성 7)지킬 수 8)형세 세 9)세금 세 10)가늘 세
11)재 성 12)쓸 소 13)풍속 속 14)받을 수 15)성할 성
16)성인 성 17)닦을 수 18)이을 속 19)줄 수 20)정성 성
3. 1)細密 2)聖地 3)城門 4)誠金 5)聲樂 6)盛大 7)俗談
8)新設 9)修女 10)授業
4. 1)⑥ 2)⑧ 3)⑬ 4)④ 5)⑮ 6)⑲ 7)① 8)⑰ 9)⑦ 10)⑫
5. 1)⑤ 2)① 3)②

6. 1)声
2)軽
3)関

1. 1)연기 2)역풍 3)여지 4)여전 5)양모 6)심화 7)안과
8)암시 9)압승 10)액체 11)신고 12)휴식 13)시인
14)시안 15)시선 16)수거 17)순정 18)전승 19)시설
20)시비
2. 1)베풀 시 2)거둘 수 3)순수할 순 4)이을 승 5)양 양
6)이/옳을 시 7)깊을 심 8)어두울 암 9)남을 여
10)쉴 식 11)납 신 12)시 시 13)눈 안 14)진 액
15)누를 압 16)같을 여 17)거스를 역 18)볼 시
19)펼 연 20)시험 시
3. 1)單純 2)秋收 3)施行 4)明暗 5)餘他 6)深夜 7)消息
8)視力 9)水壓 10)逆行
4. 1)② 2)⑥ 3)④ 4)⑤ 5)⑬ 6)⑰ 7)③ 8)⑯ 9)⑫ 10)⑱
5. 1)② 2)③ 3)④
6. 1)余
2)観
3)広

1. 1)연기 2)옥석 3)원형 4)음흉 5)응답 6)위주 7)왕년
8)연구 9)영광 10)가요 11)방위 12)정의 13)의회
14)육체 15)내용 16)예술 17)오산 18)의원 19)보은
20)이동
2. 1)지킬 위 2)둥글 원 3)갈 연 4)그늘 음 5)얼굴 용
6)구슬 옥 7)그르칠 오 8)갈 왕 9)은혜 은 10)노래 요
11)인원 원 12)영화 영 13)하/할 위 14)옳을 의
15)고기 육 16)연기 연 17)응할 응 18)재주 예
19)의논할 의 20)옮길 이
3. 1)過誤 2)往來 3)童謠 4)許容 5)公務員 6)爲人 7)肉類

8)恩師 9)應分 10)信義

4. 1)② 2)④ 3)⑧ 4)⑪ 5)⑦ 6)⑯ 7)③ 8)⑲ 9)⑭ 10)⑨

5. 1)① 2)③ 3)⑤

6. 1)応
   2)栄
   3)芸

· 예상문제 (148p~151p)

1. 1)장군 2)절대 3)규제 4)제외 5)인식 6)전원 7)정독
   8)제작 9)축제 10)정도 11)숙적 12)인상 13)인도
   14)최저 15)정부 16)경제 17)수익 18)보장 19)직접
   20)제출

2. 1)제사 제 2)대적할 적 3)도장 인 4)이을 접 5)지을 제
   6)장수 장 7)낮을 저 8)밭 전 9)끊을 절 10)끌 인
   11)끌 제 12)알 인 13)더할 익 14)정사 정 15)정할 정
   16)한도/길 정 17)건널 제 18)절제할 제 19)덜 제
   20)막을 장

3. 1)認定 2)利益 3)故障 4)低價 5)政黨 6)精誠 7)制度
   8)提報 9)百濟 10)製品

4. 1)④ 2)⑲ 3)⑬ 4)① 5)⑤ 6)⑩ 7)⑧ 8)⑰ 9)⑫ 10)②

5. 1)① 2)④ 3)⑤

6. 1)将
   2)済
   3)団

· 예상문제 (164p~167p)

1. 1)국제 2)공조 3)존경 4)종교 5)대중 6)증가 7)지독
   8)직원 9)조기 10)제조 11)경주 12)죽마 13)의지
   14)지시 15)사진 16)진보 17)백조 18)기준 19)지출
   20)차례

2. 1)뜻 지 2)이를 조 3)새 조 4)직분 직 5)무리 중

6)지탱할 지 7)더할 증 8)달릴 주 9)대 죽 10)높을 존
11)준할 준 12)지을 조 13)가리킬 지 14)마루 종
15)즈음/가 제 16)도울 조 17)이를 지 18)참 진
19)나아갈 진 20)버금 차

3. 1)助力 2)造成 3)尊重 4)世宗 5)走者 6)水準 7)增員
   8)支店 9)職業 10)進展

4. 1)④ 2)③ 3)⑥ 4)⑫ 5)⑱ 6)⑧ 7)⑰ 8)⑨ 9)⑯ 10)⑩

5. 1)① 2)③ 3)⑤

6. 1)当
   2)独
   3)労

· 예상문제 (180p~183p)

1. 1)총선 2)해충 3)치과 4)퇴직 5)요청 6)충고 7)설치
   8)통합 9)처벌 10)저축 11)정치 12)태도 13)창조
   14)건축 15)측정 16)명쾌 17)경찰 18)총기 19)취소
   20)침수

2. 1)쌓을 축 2)거느릴 통 3)비롯할 창 4)충성 충
   5)헤아릴 측 6)총 총 7)침노할 침 8)벌레 충 9)곳 처
   10)청할 청 11)다 총 12)가질 취 13)살필 찰
   14)다스릴 치 15)이 치 16)모을 축 17)쾌할 쾌
   18)모습 태 19)물러날 퇴 20)둘 치

3. 1)蟲齒 2)創業 3)處理 4)新築 5)忠實 6)爭取 7)治安
   8)放置 9)快擧 10)統一

4. 1)② 2)⑫ 3)⑬ 4)⑳ 5)⑤ 6)④ 7)⑱ 8)⑨ 9)⑮ 10)⑪

5. 1)⑤ 2)④ 3)②

6. 1)処
   2)総
   3)虫

· 예상문제 (202p~206p)

1. 1)실험 2)호명 3)확고 4)회상 5)호감 6)성현 7)빈혈
   8)문호 9)흡수 10)흥행 11)호신 12)협상 13)은혜
   14)재화 15)희망 16)파동 17)폭력 18)항공 19)파격
   20)개표 21)화해 22)포용 23)풍부 24)고향 25)분포
   26)무한 27)향수 28)포병 29)공항 30)허약

2. 1)돌아올 회 2)일 흥 3)화할 협 4)배 항 5)부를 호
   6)표 표 7)풍년 풍 8)한할 한 9)항구 항 10)바랄 희
   11)물결 파 12)시험 험 13)풀 해 14)도울 호 15)군을 확
   16)좋을 호 17)어질 현 18)피 혈 19)은혜 혜 20)쌀 포
   21)빌 허 22)대포 포 23)집 호 24)재물 화 25)향기 향
   26)시골 향 27)깨뜨릴 파 28)마실 흡 29)베 포
   30)사나울 폭/모질 포

3. 1)電波 2)小包 3)砲手 4)暴風 5)豊足 6)港口 7)理解
   8)血氣 9)特惠 10)選好 11)救護 12)百貨店 13)確定
   14)回生 15)興味

4. 1)⑪ 2)⑬ 3)⑮ 4)⑰ 5)⑧ 6)⑫ 7)⑨ 8)① 9)⑱ 10)③

5. 1)① 2)② 3)⑤

6. 1)兴
   2)虚
   3)解

4급 II 모의 한자능력검정시험 해답

모의한자능력
검정시험 (제1회)

1 1.증감
2.가명
3.연구
4.가능
5.합격
6.존대
7.개인
8.지도
9.친선
10.설명
11.연휴
12.기록
13.논의
14.참고
15.관광
16.음해
17.예술
18.허용
19.매매
20.복리
2 21.가입
22.감산
23.귀중
24.단면
25.가격
26.만족
27.경의
28.박사
29.재능
30.국방
31.이기
32.언론
33.단체
34.단순
35.검찰
3 36.깨끗할 결
37.무리 대
38.논할 론
39.아닐 미

40.생각 상
41.풍속 속
42.베풀 시
43.재주 예
44.정할 정
45.가리킬 지
46.청할 청
47.향기 향
48.말씀 담
49.줄 급
50.가릴 선
51.높을 탁
52.해 세
53.바탕 질
54.본받을 효
55.붙을 착
56.나무 수
57.다행 행
4 58.科學
59.交感
60.世界
61.先頭
62.價格
63.道路
64.親舊
65.綠色
66.當然
67.速度
68.方法
69.溫水
70.鮮明
71.理由
72.宿題
73.特別
74.强要
75.財産
76.調和
77.住宅
5 78.③
79.①
80.②

6 81.④
82.⑤
83.①
84.③
85.②
7 86.糸
87.日
88.田
8 89.①
90.⑤
91.②
9 92.③
93.④
94.①
10 95.일의 전체
를 지휘하
거나 잘못
되지 않도
록 살핌
96.둘로 갈라
나눔
97.바닷가
11 98.声
99.圧
100.余

모의한자능력
검정시험 (제2회)

1 1.복습
2.신부
3.냉방
4.기간
5.능력
6.해금
7.선도
8.사과
9.건립
10.결과
11.의미
12.시선
13.실시
14.요리

15.육지
16.회복
17.협상
18.과세
19.식탁
20.중요
2 21.서류
22.건설
23.야망
24.유성
25.국사
26.청소
27.선명
28.방송
29.숙제
30.성당
31.순풍
32.압승
33.세련
34.성금
35.안과
3 36.펼 연
37.줄 수
38.받을 수
39.성인 성
40.날 비
41.빽빽할 밀
42.고울 려
43.머무를 류
44.인도할 도
45.통달할 달
46.이지러질 결
47.연구할 구
48.헤아릴 량
49.고기잡을 어
50.물고기 어
51.집 원
52.값 가
53.예 구
54.지날 력
55.구름 운

56.기다릴 대
57.뿔 각
4 58.決定
59.計算
60.過度
61.對答
62.觀光
63.童話
64.團體
65.反省
66.變動
67.所用
68.生鮮
69.主題
70.說明
71.形體
72.臣下
73.東海
74.發展
75.日記
76.傳說
77.數學
5 78.④
79.③
80.②
6 81.④
82.⑤
83.②
84.①
85.③
7 86.土
87.宀
88.广
8 89.①
90.③
91.⑤
9 92.①
93.③
94.⑤
10 95.제목에 덧
붙어 보충

하는 제목
96.결혼하는
여자 또는
갓 결혼한
여자
97.여러 갈래
로 자세히
나누거나
가름
11 98.経
99.權 权
100.断

모의한자능력
검정시험 (제3회)

1 1.제한
2.전원
3.지장
4.비용
5.봉사
6.여파
7.연속
8.양호
9.덕담
10.독립
11.이민
12.정치
13.신축
14.열망
15.양육
16.배경
17.상벌
18.정밀
19.특기
20.친구
2 21.원래
22.파장
23.친절
24.수준
25.정착
26.창업
27.문화

28.폭풍
29.과열
30.확신
31.재개
32.보호
33.실패
34.진행
35.제출
3 36.한도/길 정
37.참 진
38.모습 태
39.시골 향
40.마실 흡
41.어질 현
42.군을 확
43.침노할 침
44.쾌할 쾌
45.더할 증
46.직분 직
47.높을 존
48.재앙 재
49.가장 최
50.이를 치
51.허락할 허
52.마디 절
53.판 국
54.씻을 세
55.법 전
56.강할 강
57.새로울 신
4 58.發見
59.公正
60.廣場
61.世代
62.道具
63.道理
64.流行
65.美術
66.所望
67.運動
68)性格

69.幸福
70.宿命
71.平和
72.敎育
73.電話
74.書店
75.世上
76.友情
77.自信

⑤ 78.④
79.②
80.①

⑥ 81.場
82.弟
83.結
84.無
85.善

⑦ 86.禾
87.言
88.阝

⑧ 89.②
90.④
91.③

⑨ 92.⑤
93.③
94.①

⑩ 95.남은 땅 또
는 어떤 일
이 일어날
가능성
96.기는 반대
쪽으로 부
는 바람 또
는 어려움
을 겪는 것
을 비유하
는 말
97.인간에게
해가되는
벌레

⑪ 98.鮮
99.兴
100.滿